高等学校"十三五"规划教材

化学信息学

HUAXUE XINXIXUE

■ 林亚维　胡晓松　郑　铮　主编

化学工业出版社

·北京·

《化学信息学》从实用性角度出发，按化学信息的获取、化学信息的分析加工以及化学信息的传播精心设计教学内容，主要包括：计算机及网络技术、科学数据库及文献检索、计算机化学图文处理技术、计算机辅助分子设计、计算机辅助教学等方面的知识与应用。本书是一部连接MOOC与课堂的新形态教材，配套了丰富的视频资源，读者可以通过手机扫描二维码来观看，也可以配合中国大学慕课网站上的在线课程《化学信息学》使用。

《化学信息学》可供普通高校化学类专业学生使用，也可供广大的科技工作者参考。

图书在版编目（CIP）数据

化学信息学 / 林亚维，胡晓松，郑铮主编. —北京：化学工业出版社，2019.9（2025.1重印）
高等学校"十三五"规划教材
ISBN 978-7-122-34925-5

Ⅰ.①化⋯ Ⅱ.①林⋯ ②胡⋯ ③郑⋯ Ⅲ.①计算机应用－化学－信息检索－高等学校－教材 Ⅳ.①G254.97

中国版本图书馆CIP数据核字（2019）第153050号

责任编辑：宋林青　　　　　　　　　　　　文字编辑：刘志茹
责任校对：杜杏然　　　　　　　　　　　　装帧设计：刘丽华

出版发行：化学工业出版社（北京市东城区青年湖南街13号　邮政编码100011）
印　　装：三河市双峰印刷装订有限公司
787mm×1092mm　1/16　印张13¾　字数361千字　2025年1月北京第1版第6次印刷

购书咨询：010-64518888　　　　　　　　　　售后服务：010-64518899
网　　址：http://www.cip.com.cn
凡购买本书，如有缺损质量问题，本社销售中心负责调换。

定　　价：32.00元　　　　　　　　　　　　　　　　　　　　版权所有　违者必究

前 言

信息化社会从 20 世纪 50 年代以计算机与网络的出现和逐步普及为标志,经过几十年迅猛发展,其智能化、数据化的特点已愈发明显,信息对整个社会的影响越来越大。信息量、信息传播的速度、信息处理的速度以及应用信息的程度等都以几何级数的方式在增长。信息技术的发展给人们学习知识、掌握知识、运用知识提出了新的挑战。

20 世纪 60 年代,化学研究者逐渐意识到,多年来所积累的大量信息,通过计算机技术才能让科学界容易获得和处理。换句话说,这些信息可以借助计算机与网络为科学界所用。在这样的背景下,1995 年美国科学家 F. K. Brown 博士基于药物研发领域首次提出了化学信息学的定义。而随着计算机和信息技术在化学各领域中应用的不断深入,化学信息学的定义在 2003 年由德国科学家 Johann Gasteiger 博士描述为一个更为广义的范畴:应用信息学方法及技术解决化学问题。

本书是化学信息学的入门课程,教材从实用性出发,针对贯穿于化学学习和研究的三个环节,即化学信息的获取、化学信息的分析加工以及化学信息的传播,精心设计了教学内容。它们均来自化学及其相关学科的实际需求,涵盖了数据库检索、专业软件应用与科技论文撰写等方面,具体章节为:

第 1 章为化学信息学导论,概括性介绍用于药物研发的化学信息学主要研究方法与研究步骤。

第 2 章为文献检索概论,阐述科技文献检索的基础内涵与基本方式。

第 3 章为化学数据库,介绍各类型化学数据库资料及其使用信息。

第 4 章为化学软件简介与 ChemBioOffice 使用,介绍 6 大类型化学软件,详细介绍了 ChemBioOffice 的功能与使用案例。

第 5 章为科学数据处理软件,详细介绍了 Origin 的功能与使用案例。

第 6 章为图片处理软件 Photoshop,概述了科技论文图片的要求,围绕要求介绍了 Ps 软件的功能与使用案例。

第 7 章为 Adobe Illustrator 科研绘图,详细介绍了 Illustrator 软件科研绘图功能与使用案例。

第 8 章为核磁共振谱图解析软件 ACD/NMR 与文献管理软件 EndNote,依次介绍了两种软件的应用实例。

第 9 章为学位论文排版，详细介绍了学位论文的规范格式以及如何利用 Word 进行快速编辑。

本书是一部连接 MOOC 与课堂的新形态教材，丰富的配套视频资源是其一大特色。我们的专业多媒体制作团队录制了系列高质量教学视频，将具体案例如数据库检索、化学软件使用等内容更加清晰、详细、生动地展现出来。读者可以通过手机扫描二维码来观看，还可以配合中国大学慕课网站上的在线课程《化学信息学》一起使用。

本书为武汉理工大学研究生教材建设基金资助出版项目，由林亚维、胡晓松、郑铮主编。感谢武汉理工大学郭丽萍、李曦、李俊升、袁泉提出的宝贵意见。在本书编写过程中，万照、徐俊、朱文杰、茅龙、赵孔娥、刘红龙、郑林波等积极参与了资料的整理与收集工作，武汉理工大学以及化学工业出版社也给予了大力支持，在此一并表示最真挚的感谢。由于化学信息学涉及的内容广泛且编写时间有限，书中难免存在不足之处，敬请广大读者批评指正。

为方便教学，本书制作了配套课件，使用本教材的教师可免费索取：songlq75@126.com。

编者
2019 年 4 月

目 录

第 1 章　化学信息学导论 1
1.1　分子结构与性质的数值化表述及数据收集 1
1.2　图论与概率论在分子结构信息中的应用 4
1.3　数学建模与信息转化 7
1.3.1　甄选输入变量 7
1.3.2　数据收集 8
1.3.3　数值模型的参数训练与测试 8
1.4　受体-配体打分函数模型——从经验化模型到人工神经网络 9
1.4.1　主成分分析 10
1.4.2　人工神经网络 10

第 2 章　文献检索概论 13
2.1　信息、知识、情报和文献 13
2.2　科技文献的级别 14
2.3　科技文献类型 15
2.4　科技文献的出版形式及科技文献的特点 17
2.4.1　科技文献的出版形式 17
2.4.2　科技文献的特点 17
2.5　科技文献检索概述 18
2.5.1　科技文献检索的含义 18
2.5.2　文献的存储与检索 18
2.5.3　科技文献检索的意义与作用 19
2.5.4　科技文献检索工具 19
2.6　科技文献检索的途径 20
2.6.1　根据文献的外部特征进行检索 20
2.6.2　根据文献的内容特征进行检索 21

2.7 科技文献的检索方法 ... 21
2.7.1 常规法 ... 21
2.7.2 追溯法 ... 22
2.7.3 循环法（综合法） ... 22
2.7.4 基本检索步骤 ... 23

第3章 化学数据库 ... 24
3.1 全文文献数据库 ... 25
3.1.1 全文数据库简介 ... 25
3.1.2 重要中文全文数据库 ... 25
3.1.3 重要英文全文数据库 ... 28
3.2 文摘索引数据库 ... 32
3.2.1 文摘索引数据库简介 ... 32
3.2.2 文摘索引数据库发展趋势及意义 ... 33
3.2.3 重要外文文摘索引数据库 ... 33
3.2.4 Web of Science（SCI）数据库的介绍与使用 ... 35
3.2.5 SciFinder（CAS）数据库的介绍与使用 ... 36
3.2.6 X-MOL 知识平台 ... 41
3.3 特种文献数据库 ... 54
3.3.1 专利文献资源与检索 ... 54
3.3.2 学位论文资源与检索 ... 55
3.3.3 化学事实数据库 ... 55

第4章 化学软件简介与 ChemBioOffice 使用 ... 57
4.1 化学软件概述 ... 57
4.2 化学结构可视化软件 ... 58
4.2.1 二维化学结构式绘制软件 ... 58
4.2.2 化学三维结构绘制软件 ... 59
4.3 数据处理软件 ... 59
4.4 文献管理软件 ... 60
4.5 图谱解析软件 ... 61
4.6 化学计算软件 ... 61
4.7 其他软件 ... 62
4.8 ChemBioOffice 软件 ... 62
4.8.1 ChemDraw 的使用方法 ... 62
4.8.2 ChemDraw 的其他功能 ... 68
4.8.3 分子模型软件 Chem3D ... 70

第 5 章　科学数据处理软件 ... 80
5.1　数据分析软件 Origin 概述 ... 80
5.2　Origin 界面简介 ... 81
5.2.1　Origin 常用术语 ... 81
5.2.2　Origin 菜单介绍 ... 82
5.3　Origin 的基本使用 ... 83
5.3.1　数据导入 ... 83
5.3.2　数据作图 ... 85
5.3.3　绘制工作曲线 ... 88
5.3.4　区域性拟合 ... 90
5.3.5　非线性拟合 ... 92
5.3.6　叠图与多 Y 轴图的绘制 ... 95
5.3.7　多屏图的绘制 ... 97

第 6 章　图片处理软件 Photoshop ... 100
6.1　科技作图 ... 100
6.1.1　科技论文中的图片 ... 100
6.1.2　科技论文图表规范 ... 101
6.2　绘图基本概念 ... 102
6.3　Photoshop 简介 ... 105
6.3.1　Photoshop 界面简介 ... 105
6.3.2　Photoshop 基本概念 ... 107
6.3.3　Photoshop 常用功能 ... 108
6.3.4　细胞膜模型的绘制 ... 111
6.3.5　组图的绘制 ... 113
6.3.6　透视色谱图 ... 115
6.3.7　电镜图上色 ... 118

第 7 章　Adobe Illustrator 科研绘图 ... 121
7.1　Illustrator 界面介绍 ... 121
7.1.1　菜单栏 ... 122
7.1.2　工具箱 ... 122
7.1.3　工具属性栏 ... 123
7.1.4　面板 ... 123
7.2　Illustrator 基本概念和常用功能 ... 123
7.2.1　路径和锚点 ... 123
7.2.2　图层 ... 125
7.2.3　画笔 ... 126

7.2.4 符号	126

7.3 Illustrator 基础操作 126
7.3.1 填色和描边 126
7.3.2 对象的基本操作方法 129
7.3.3 路径查找器 129
7.3.4 形状生成器和实时上色工具 131
7.3.5 混合工具 133
7.3.6 效果滤镜 134

7.4 Illustrator 实例绘制 134
7.4.1 实例 1——模式图 134
7.4.2 实例 2——小肠绒毛细胞 145

第 8 章 核磁共振谱图解析软件 ACD/NMR 与文献管理软件 EndNote 156

8.1 ACD/NMR 软件介绍 156
8.1.1 ACD/NMR Processor 的主要功能 157
8.1.2 ACD/NMR Processor 的使用简介 157

8.2 文献的引用 163
8.2.1 文献的规范化引用 163
8.2.2 引用文献的意义 164
8.2.3 引用文献注意事项 165

8.3 文献管理工具 EndNote 165
8.3.1 EndNote 简介 165
8.3.2 EndNote 的文献导入与检索 167
8.3.3 使用 EndNote 插入参考文献 168

第 9 章 学位论文排版 171

9.1 文档的新建与保存 172

9.2 页面设置 173
9.2.1 页面布局设置 174
9.2.2 目录的生成 177
9.2.3 分节符 178
9.2.4 页眉、页脚、页码的设置 179

9.3 样式的使用 182
9.3.1 样式的创建 182
9.3.2 章节标题的设置与多级列表的使用 184
9.3.3 更新目录 194
9.3.4 图表的题注和交叉引用 196
9.3.5 公式的题注和交叉引用 200

9.4 参考文献 204
9.4.1 著录项目和著录格式 204
9.4.2 利用 EndNote 插入参考文献 205
9.5 常用的小技巧汇总 205
9.5.1 快速定位导航窗格 205
9.5.2 三线表的画法 206
9.5.3 快捷键 208

参考文献 210

第1章
化学信息学导论

作为一个发展迅速且涵盖面越来越广的新兴交叉学科,化学信息学还很难被冠以一个准确且严谨的定义。广义的化学信息学泛指利用现代计算机技术运算速度快、存储容量大等特点,来处理大量化学相关信息的学科。而狭义的化学信息学,最早作为药物设计的辅助手段被提出以后,其研究对象主要是分子体系的相关信息。其名称(chemoinformatics)和概念在 1998 年由已故的计算化学家 F. K. Brown 提出:"采用信息技术和信息管理已经成为药物研发过程中的不可或缺的部分,化学信息学是这些信息资源的混合,将数据转化为信息和信息转化为知识,以便在药物导向识别和优化领域更快地做出更好的决策。"

将药物及生物大分子的信息数值化、模型化一直是计算化学工作者的一个主要研究方向。然而由于生物分子体系的复杂性及多样性,很多信息与知识无法通过建立和引入精确的物理模型的方式进行数值描述。而化学信息学就是顺应药物开发与生物大分子设计的这个需求而诞生的。科学工作者们收集、整合药物的分子结构、化学与物理性质、药理及毒理等诸多数据,利用数学建模、数据挖掘等手段将上述数据转化为与药物及生物大分子的设计和开发相关的信息与知识,来弥补物理模型在上述领域中的表述空白。面向分子设计及药物开发的化学信息学,主要分为两个部分:①分子结构与性质的数值化表述及数据收集;②数值化的分子描述符通过数值模型完成的信息转化。本章节主要讨论科学工作者在针对这两个部分的研究中所采用的方法,并简单举例以辅助说明。

1.1 分子结构与性质的数值化表述及数据收集

利用计算机对分子结构进行描述,是分子数值化表述中非常必要的一步,这样才能利用计算机强大的运算能力进行数据挖掘与信息转化。最为直观的分子结构描述就是二维或三维分子结构图像(图 1-1)。这种描述方式虽然便于人类的观察与认知,但对于计算机而言,却不是最优化的存储与读取方式。更少的内存占用与更为数值化的表达方式,才更加有利于计算机的高效运算。所以分子结构的数值化描述,就是化学信息学研究工作的第一步。

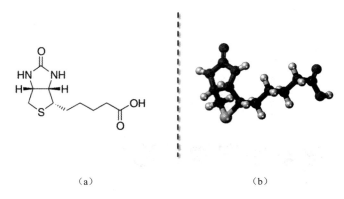

图 1-1 生物素的二维（a）与三维（b）分子结构图像

将图像化的分子结构进行抽象化与简化处理，需要把握分子结构的基本要素。只要知道构成一个分子的各个原子的原子类型、原子坐标与成键模式，就足以定义一个分子结构及其构象。而在计算机中，几种最常见的分子结构及构象的存储方式（如.mol2、.pdb 等存储格式），就是仅仅保留分子结构中的上述信息，并在需要时加入原子的部分电量、氨基酸序列等附加信息来定义独一无二的分子结构及构象（图 1-2 和图 1-3）。

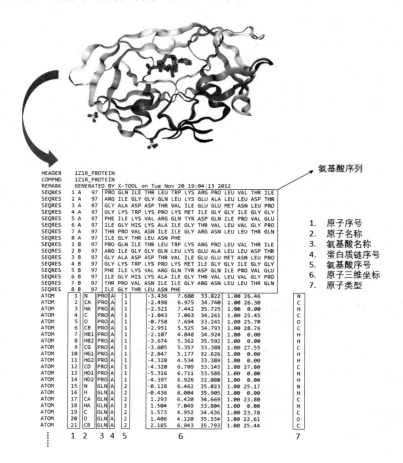

图 1-2　HIV-1 蛋白酶结合大环磺酰胺肽模拟物拮抗剂 2 复合物的三维结构式（.pdb 存储格式）

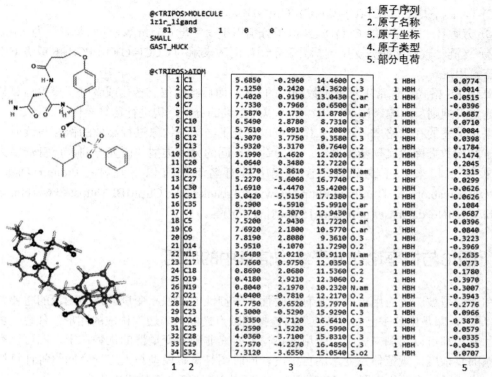

图1-3 大环磺酰胺肽模拟物拮抗剂2的结构式（.mol2存储格式）

如图1-2所示，一个拥有数千个原子的蛋白质分子构象，通过这种方式就可以存储在一个仅有百余kB的文件中。即使需要在研究中对该构象进行可视化的信息转化，也只需要在相应的图形化软件中引入可读取此类文件的程序模块，而不需要将其转存为更加占用内存及存储空间的图形文件了。这就给之后的建模与信息转化步骤中的数据读取提供了极大的便利。

如果研究对象只需要定义分子的结构而非具体到构象，那么三维的分子结构信息可以被进一步简化为一串一维的字符串。简化分子线性输入规范（simplified molecular input line entry specification，SMILES）就是最常用的一种用ASCII字符串明确描述分子结构的规范方式。

SMILES定义方式保证每个分子只对应唯一的一串字符串。此处简略介绍一下SMILES格式的记法与分子结构表示方式。

① 原子 原子用方括号内的化学元素符号表示。例如[Au]表示"金"。有机物中的C、N、O、P、S、Br、Cl、I等原子可以省略方括号，其他元素必须在方括号之内。氢原子常被省略。对于省略了方括号的原子，用氢原子补足价数。例如，水的SMILES就是O，乙醇是CCO。离子则用方括号括起，用元素符号和电荷表示，"+"表示正电荷、"-"表示负电荷，电荷数跟在正、负号之后。如果该原子与氢原子相连，氢原子写在元素符号后面。四价钛离子（Ti^{4+}）写作[Ti+4]或[Ti++++]。三价钴离子（Co^{3+}）写作[Co+3]或[Co+++]。氢氧根（OH）表示为[OH]，水合氢离子（H_3O^+）表示为[OH3+]。

② 化学键 双键用"="表示；三键用"#"表示。例如含有双键的二氧化碳则表示为O=C=O，含有三键的氰化氢表示为C#N。如果结构中有环，则要打开。断开处的两个原子用同一个数字标记，表示原子间有键相连。环己烷（C_6H_{12}）表示为C1CCCCC1。需要注意，标志应该是数字（在此例中为1），而不是"C1"这个组合。扩展的表示是(C1)-(C)-(C)-(C)-

(C)-(C)-1,而不是(C1)-(C)-(C)-(C)-(C)-(C1)。

③ 芳香环　芳环中的C、O、S、N原子分别用小写字母c,o,s,n表示。如苯表示为 c1ccccc1。

④ 支链　碳链上的分支用圆括号表示。如丙酸表示为CCC(=O)O，FC(F)F 或者 C(F)(F)F 表示三氟甲烷。

SMILES格式文件常用于分子数据库的索引。而后续的信息转化或者分子模拟运算只需配合上述定义规则反向编译该字符串，就可以对三维的分子结构进行运算操作了。

采用上述的存储格式，科学工作者可以对分子结构与构象进行高效的保存与读取，并建立分子结构数据库以实现数据共享。目前针对不同的分子类型与研究方向，已有众多大型数据库被建立起来，并被不断完善。其中较有名气的有以下几种：Protein Data Bank (http://www.rcsb.org/)、DrugBank (https://www.drugbank.ca/)、ChEMBL (https://www.ebi.ac.uk/chembl/)、ZINC database (http://zinc15.docking.org/)等。

1.2　图论与概率论在分子结构信息中的应用

图论模型被广泛应用于研究互有相关性及依赖性的非独立变量群体。图论的主要研究对象是"图"，即是由若干已知"顶点"与连接两顶点之间的"边"构成的图形。任意一群具有关联的变量都可以用图来表示。采用图论模型研究非独立变量群的优势在于，图可以有效简化体系的复杂度，规范体系变量的自由度，同时图是概率模型与人工神经网络等计算模型的基础。将分子结构转化为图，可以有效针对分子结构信息进行数值化研究。

以下简单介绍一些图论的基本术语与知识：

一个图（一般记作 G）由两类元素构成，分别称为顶点（或节点、结点）和边。每条边有两个顶点作为其端点，则称这条边"连接"了它的两个端点。因此，边可定义为由两个顶点构成的集合。

一个顶点一般表示为一个点或小圆圈。一个图 G 的顶点集（点集）一般记作 $V(G)$，或简写为 V。

① 阶：图 G 中的顶点集合 V 的大小称为 G 的阶。

② 相邻：当两个顶点通过一条边相连接时，这两个顶点即为相邻（亦可说这条边依附于这两个顶点）。

③ 度数：某个顶点的度数即为依附于它的边的总数。

④ 平行边：连接同一对顶点的两条边称为平行边。

⑤ 路径：当顶点 V 到顶点 W 是连通时，用 V->X->Y->W 表示一条顶点 V 到顶点 W 的路径，用 V->X->Y->V 表示一条环。

⑥ 有向图与无向图：如果给图的每条边规定一个方向，那么得到的图称为有向图，其边也称为有向边。在有向图中，与一个节点相关联的边有出边和入边之分，而与一个有向边关联的两个点也有始点和终点之分。边的方向代表两个顶点的依赖关系。相反，边没有方向的图称为无向图。

⑦ 团：一个所有顶点都两两连接的无向图。

⑧ 自环：一条连接一个顶点和其自身的边。

⑨ 桥：如果去掉一条边会使整个图变成非连通图，则该边称为桥。

⑩ 子图：也称作连通分量，它是由一张图的所有边的一个子集组成的图（以及依附的所有顶点）。

⑪ 连通图：连通图是一个整体，而非连通图则包含两个或多个连通分量。

⑫ 简单图与多重图：含有平行边与自环的图称为多重图，而不含有平行边和自环的图称为简单图。

最直观的分子结构"图模型化"，就是将每一个原子的三维坐标向量视为"顶点"而将原子之间的化学键视为"边"。每个原子的位置与键能则通过引入概率模型来描述。设 δ_i 为任意原子 i 的位置坐标向量，$P(\delta_i, \delta_j)$ 为原子 i 与 j 的能量概率函数。其表达式为：

$$P(\delta_i, \delta_j) = \frac{e^{-\beta E(\delta_i, \delta_j)}}{Z_m} \tag{1-1}$$

式中，$E(\delta_i, \delta_j)$ 为原子 i 与 j 在各自给定的坐标 δ_i 和 δ_j 上的相互作用能量；$e^{-\beta E}$ 为玻尔兹曼因子；Z_m 为分子的配分方程。而一个包含 n 个原子的分子能量概率函数即是 $P(\delta_1, \delta_2, \cdots, \delta_n)$。这样，一个分子的结构所对应的坐标向量集合 δ_n，连同其任意构象所对应的能级 $P(\delta_1, \delta_2, \cdots, \delta_n)$，都可以用一个概率函数模型来表达。

一个图论模型在化学信息学中的经典应用，就是将分子结构转化为无向图，利用概率论中的马尔可夫性质进行图分解，进而推导出经典力学中的分子能量可拆分性质（见图1-4）。

在经典力学的描述中，分子中任意两原子间存在相互作用的势能（键能、键角能、二面角能以及非成键能），而且原子间的相互作用势能是双向作用，即不存在由一个原子单向作用于另一个原子的作用力与势能。基于此情况，一个分子结构及其所有的原子间的作用势能可以转化为一个所有顶点皆两两相连的无向图，这在图论模型中称为团（clique）。同时，分子中每个原子所承受的势能，只来自直接与该原子连接的相互作用势能，而与势能作用路径无关。这使得一个分子结构无向图具有了马尔可夫性质，即图中的任一顶点在任意给定状态的概率只依赖于该顶点在图中的所有相邻节点。根据美国加州大学洛杉矶分校著名的计算机科学家 Judea Pearl 教授于1988年的证明可知，具有马尔可夫性质的无向图具有可拆分性质。其拆分方式如下：

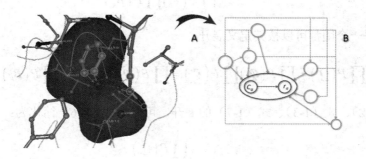

图1-4 将分子结构与原子间的相互作用转化为图来表示

在本节中，采用单个字母（如 δ 或 A）代表单个变量或节点；带有斜线的单个字母（如 δ 或 A）或者带有花括号的单个字母（如 $\{n\}$ 或 $\{N\}$）代表一个顶点集合或向量；加粗的单个大写字母（如 $\boldsymbol{M}$）代表一个团（clique），即一个顶点集合和连接该集合内所有顶点的所有边。以一个五原子分子体系为例，来展示马尔可夫无向图的拆分方式。可用表1-1中带有斜线的特定字符表示具有特定顶点数量的顶点集合。

表 1-1　特定字符及其表示的集合含义

字符	定义	字符	定义
M	一个单一顶点构成的集合	Q	四个顶点及其所有边构成的团
B	两个顶点及其所有边构成的团	P	五个顶点及其所有边构成的团
T	三个顶点及其所有边构成的团		

一个团的概率函数可以表示为这个团内所有子团的概率函数的阶乘，如：

$$P(B) = P(B)\prod_{i}^{C_1^2} P(M_i) \tag{1-2}$$

$$P(T) = P(T_i)\prod_{j}^{C_2^3} P(B_j)\prod_{k}^{C_1^2} P(M_k) \tag{1-3}$$

式中，C_k^n 为从 n 个原子中选取 k 个原子的组合数量符号。其中任意一个概率函数都可以展开成为其相应原子数量的能量概率函数，例如：

$$P(B) = \frac{\mathrm{e}^{-\beta E(\delta_i,\delta_j)}}{Z_{i,j}} \tag{1-4}$$

$$P(T) = \frac{\mathrm{e}^{-\beta E(\delta_i,\delta_j,\delta_k)}}{Z_{i,j,k}} \tag{1-5}$$

根据 Pearl 提出的马尔可夫无向图拆分公式，可以将一个五原子分子体系的势能概率函数表示为：

$$P(P) = \frac{\prod_{i}^{C_4^5} P(Q_i)}{\prod_{j}^{C_3^5} P(T_j)\prod_{k}^{C_2^5} P(B_k)} \tag{1-6}$$

该公式中每一个团都可以按其定义展开：

$$\prod_{i}^{C_4^5} P(Q_i) = \prod_{i}^{C_4^5} P(Q_i)\prod_{j}^{C_3^5} P(T_j) = \prod_{i}^{C_4^5} P(Q_i)\prod_{j}^{C_3^5} P(T_j)\prod_{k}^{C_2^5} P(B_k) \tag{1-7}$$

利用式（1-2）、式（1-3）、式（1-7）的展开，可以将式（1-6）简化为：

$$P(P) = \frac{\prod_{i}^{C_4^5} P(Q_i)}{\prod_{j}^{C_2^5} P(B_j)} \tag{1-8}$$

式中，$P(Q_i)$ 为该分子体系内任意四个原子构成的子体系的多体势能（many-body potential）；$P(B_j)$ 为分子体系内任意两原子间的相互作用势能。这样一个五原子体系的势能概率函数就通过对其未知数（即原子位置向量）数量的"降维"，用四个原子的坐标维度的概率函数［式（1-8）中的分子］与两个原子的坐标维度的概率函数［式（1-8）中的分母］表示出来，从而简化了问题的复杂度。后文中会讨论到，化学信息学所研究的问题的未知量自由度，极大地影响了数学建模与信息转化的效率。通过引入图论模型及马尔可夫概率模型，成功将分子结构的未知量进行"降维"，从而为后续的数学模型建立及数据挖掘工作提供了便利。更重要的是，式（1-6）的推导是建立在 Judea Pearl 教授在 1988 年提出的概率理论之上，而其表达式形式完全与化学家 John G. Kirkwood 教授于 1935 年提出的多原子体系概率密度方程的分解简化原理——Kirkwood 近似原理相吻合。这一结果展示了不同学科领域在理论发展上的殊途同归，进一步见证了科学的严谨性。

1.3 数学建模与信息转化

计算化学的研究工作往往基于分子相关信息的数值化，而数学模型是数值化研究中不可或缺的工具。物理模型长久以来被科学工作者认为是最精确而可靠的数值模型，广泛应用于分子信息相关的计算研究当中。然而分子的相关信息中，有很多目前还不能被物理模型所描述，如分子对于人体的毒性，药物在人体中的生物利用度等，这些作为药物研发领域极为重要的信息，由于复杂度过高，科学界目前还没有建立起相应的物理模型。另外，由于高精度的物理模型需要考虑较高的变量自由度，处理复杂分子体系需要较长的计算时间，使得此类模型往往不适用于时效性很强的药物研发领域。此时，科学工作者往往利用数据挖掘的方法，建立统计学模型或机器学习网络模型等数学模型，将分子结构信息转化为分子作为药物的活性、毒性及药理学性质等信息，为药物研发的早期阶段提供高效率、低运算成本的指导性与辅助性技术支持。

化学信息学中的信息转化往往需要将数值化的分子信息描述符（输入变量）导入事先训练好的数值模型，进而将上述的输入信息转化为与药物设计相关的化学信息（输出信息）。一个完善而成熟的数值模型的建立是信息转化中最为重要的步骤，它涉及以下几个部分。

1.3.1 甄选输入变量

建立数值模型，首先需要选定与输出信息（输出变量）相关的输入变量。很多化学信息学所研究的药物设计相关信息并没有物理模型的表述，这使得人们并不知道要描述所研究的化学信息需要多少，以及哪些输入变量，也就是上文所说的分子信息描述符。科学工作者往往通过经验，初步选取得到与所研究的化学信息相关的分子信息描述符，再通过主成分分析、聚类分析、相关性分析与独立性检验等统计学手段来筛选、合并这些初始描述符，去掉重复冗余的、与输出变量相关性不显著的初始信息以排除模型的噪声，并减少输入变量的维度，从而使得最终确定的输入变量集合与所研究的化学信息具有显著的相关性，同时确保该输入变量集合中的诸变量相互独立。然而在甄选输入变量的工作中，存在一个很重要的潜在问题，由于无法得知根据经验选取的描述符是否包含了描述输出信息所需要的完整的输入变量，而后续的统计学筛选也只能降低变量维度，而无法察觉初始信息是否完整。这就需要科学工作者尽量多地研究学习可能与输出信息相关的数据类别，以免遗漏重要的数据维度，造成数值模型在预测能力上的缺陷。

1.3.2 数据收集

当确定输入变量的维度后，需要针对每一个分子信息描述符所对应的理化数值进行数据收集，从而为后续的数值模型训练与检验提供训练集与测试集。而数据的收集需要满足质量与数量两个条件。

数据的质量涉及很多因素，包括：①每个描述符所对应的数据在因收集而产生的分布空间中的分布是否均匀，若收集的某项数据其数值分布过于集中在某个空间区域中，会造成后续的数值模型训练偏差，从而影响数值模型的预测能力。②产生数据的实验条件的一致性，以及实验的误差可控性。由于化学信息学所面对的问题复杂性，数值模型的训练往往需要很大的数据量来支撑其变量的维度。这样一来，所收集的数据来源往往是一个或多个大型数据库，其实验数据也往往由全世界多个实验室提供。实验条件的不同会给实验数据造成不同程度与不同来源的随机误差。如果实验误差的来源一致且量级相似，我们往往可以通过数学手段来消除此类系统误差；而由上述的实验条件的不一致等因素造成的随机误差，会给数值模型的精确性与准确度造成不可避免的影响。

上面介绍了数据的质量颇为重要，而数据的数量同样极为重要。只有在每个输入变量维度上收集的数据量达到稳定的概率密度分布，才有可能通过之后的训练得到收敛的数值模型。同时，由于化学信息学所研究的输出信息往往是由多个输入变量经过复杂的相互关联方式而实现信息转化的，每增加一项输入变量，就增加了一个该变量所对应的变量维度，而变量维度之间有很大可能存在相关性。设新引入的输入变量与之前存在的每一个输入变量都存在相关性，为保持原有的数据分布密度，在每个变量维度上所需收集的数据量就存在一个几何级数增长的需求。这使得高维度的信息转化面临着一个"维数灾难"（curse of dimensionality）的问题。这就使得变量的"降维"工作十分重要，前文提及的主成分分析、聚类分析等统计学手段都是解决这一问题十分有效的方法。

1.3.3 数值模型的参数训练与测试

由于一些复杂研究问题中物理模型的缺失，或在某些研究问题中存在不便采用物理模型的情况，科学工作者需要自行建立数学模型，以实现输入变量到输出信息之间的信息转化。针对不同特点的输入变量与输出信息，往往会选择不同类型的数学模型予以描述。

当输出信息具有二元性时，常常采用分类算法模型。例如，在虚拟筛选作业中，需要研究的一个问题是判断一个药物分子与其靶点蛋白质结合形成的复合物的构象是否是最优构象（能量最低构象）。这个问题的输出信息就具有"是"或"否"的二元性，而在选择分类算法之前，还需要看一看建立这个算法所依赖的训练集的特征。当需要训练一个数值模型时，需要收集上文提及的大量数据作为训练集，在训练集中，如果每一组数据既有输入数据[称为特征（features）]，也有与之相对应的"答案"，即输出数据[称为标记（label）]，那么训练的过程就是通过对训练集的学习而建立起一个合理的数学模型及一组参数，从而找到特征与标记之间的对应关系（mapping）。这是早期最常见的分类模型训练方式，所采用的算法多为统计学分类算法，较常见的有线性分类法、支持向量机、决策树等。在新兴的机器学习算法中，往往采用监督式学习来处理此种分类问题。而这样的分类训练需要训练集中的每组数据都有一一对应的特征与标记，对数据收集的要求较高。对于很多更为抽象或更为复杂的问题，具有特征与标记一一对应的数据很难收集，训练这样的分类算法，往往只有特征数据而缺乏其标记。而面对这样的问题，训练的难度也比较大。科学工作者常采用统计学中的聚类算法，或无监督式学习等聚类模型应对此类问题,而聚类模型的效果往往不如前面介绍的分类模型准确。就如同人类在学习中面对只有习题而无答案的练习册,其学习效率与结果也会大打折扣。所以在面对这种缺乏标记数据的二元问题的建模中,科学工作者们引入了一种名为半监督式学习的训练方式,在训练集中引入少量带有标记的特征数据,而大部分特征数据则未带标记,通过学习少量带有标记的特征数据的概率分布模式提出模型假设,然后不断对相邻近的未标记数据进行标记,直到模型达到全局稳定为止。

当输出信息表现为连续分布或大于二元的离散分布时,科学工作者往往采用回归模型。回归模型不同于分类模型,由于输出信息的变量维度更大,往往需要所收集的数据同时具有特征与标记,所有的数据往往被随机分为训练集与测试集两部分,训练集被应用于回归模型的参数化,而测试集用于检测回归模型的假设是否合理,参数化训练是否收敛,并防止出现过拟合等现象。本章节以受体-配体打分函数模型的构建为例,详细介绍数值模型的参数训练与测试过程与步骤。

1.4 受体-配体打分函数模型——从经验化模型到人工神经网络

受体-配体打分函数模型常用于预测生物大分子靶点与小分子化合物的结合强度,为药物设计提供可供参考的先导化合物。分子间结合强度一般用结合自由能来表示,而结合自由能的计算虽然可以采用相应的物理模型来完成,如分子动力学模型或蒙特卡罗算法模型等,然而利用物理模型进行自由能模拟涉及很高的运算复杂度,这需要对受体-配体所对应的正则系综内的所有优势能级构象进行采样,往往需要消耗大量的运算时间。而当需要从数以百万计的已知小分子化合物结构中,筛选出对特定靶点具有结合活性的药物先导化合物时,运算成本较高的物理模型往往显得力不从心。而利用化学信息学方法,可以通过选取与结合自由能相关的数值化特征变量来建立非物理的数值模型,对结合自由能进行描述。如此可大大提高运算速度并节约计算成本,然而非物理的数值模型无法得知运算过程中的系统误差,因此难以评估模型的预测精度。

依上文所述,建立化学信息学中的数值模型是一个"由已知推论未知"的归纳法建模过程,首先需要甄选与目标变量相关的特征变量。药物研发工作者通过在长期实践中的总结,并对物理模型中的特征变量进行整合,得到与分子结合强度相关的初始特征变量。初始特征变量不仅需要与目标变量,即分子结合强度有显著的相关性,还需要在现实中存在大量可收集的与之对应的可靠数据。这些可收集数据即是数值模型参数训练中所需的训练集中输入数据的来源。初始特征变量的收集往往本着"宁多勿少"的原则,多余的无用信息可以通过后续的统计分析来剔除,而收集过程中一旦造成输入信息的维度缺失,则会对数值模型的预测能力造成不可弥补的损失。与分子结合强度相关的常见特征变量包括:已知的蛋白质与小分子配体内的原子类型、已知的蛋白质与小分子内各原子的电子密度、已知的蛋白质与小分子配体复合物在三维坐标系内的相对原子坐标位置、分子的表面溶剂接触面积、已知小分子配体的分子量与体积等等。通过数据收集得到的初始特征变量在进入模型参数训练之前需要进行冗余信息的筛选。由于生成数据的实验误差及初始特征变量中隐含无用的变量维度,初始特征变量数据中不可避免地携带多余的无用信息。由于初始特征变量之间存在不同程度的相关性,如不加以处理,具有相关性的数据就会造成信息重复。在训练过程中,这些重复信息会在模型建立与参数训练过程中被赋予额外的权重,造成最终模型过度强调这些信息与输出变量之间的相关性，而弱化原本应被赋予更高权重的其他有用信息。为了除去初始特征变量数据中的无用信息及重复信息，降低训练复杂度，往往需要降低初始特征变量的维度。

1.4.1 主成分分析

统计分析方法中最重要的一种变量降维方法就是主成分分析（principal components analysis，PCA）。其方法主要是通过对初始特征变量数据构成的协方差矩阵进行特征分解，以得出数据的主成分与它们的权值。通过 PCA 得到的主成分并非是原特征变量的子集，而是结合并分析所有的特征变量的数据内部结构而提取出的本征向量（eigenvectors），所以每一个由此得到的主成分都不能与初始特征变量的物理或化学意义进行映射。然而由此得到的主成分之间的数据分布方差皆为最大化，保证了输入变量的独立性，同时可根据权值的高低来选择具有显著特征的主成分作为输入变量，以降低数据维度，降低随后模型搭建与参数训练的复杂度。

在早期的化学信息学研究中，人们往往通过修改和简化已知的物理模型来构建数值模型表达式，这种通过引入人类经验而建立的分子结合强度评价模型被称为经验化打分模型。此类模型存在过多的人为主观操作，虽然运算速度很可观，但是预测能力往往十分有限。随着递归网络模型的出现与图形处理器的发展，人工神经网络成为连接复杂的输入变量与输出变量之间有效的数据沟通桥梁。

1.4.2 人工神经网络

当输入变量与输出变量之间由于变量维度过大、变量之间的相关性过于复杂或由于相关物理模型的计算成本过高、叠加误差过大等原因无法通过引入物理模型来进行有效研究时，人工神经网络作为一种自适应系统，常常被应用于认知事物之间复杂的关联性。概括来说，人工神经网络是一种非线性的数据建模工具。而大多数类型的人工神经网络能在外界信息的基础上改变内部结构，具备学习功能，现在越来越广泛地被应用于各个领域的数值分析及决策研究中。在自然科学领域，人工神经网络甚至被应用于弥补及重新认知早先人类所建立起来的物理模型与物理学知识体系。

人工神经网络是一种模仿生物神经网络（动物的中枢神经系统，特别是大脑）的结构和功能的数学模型。其基本单元包括：输入、输出与计算功能。与生物神经系统比较，输入可以类比为神经元的树突，而输出可以类比为神经元的轴突，而连接输入与输出之间的计算则可以类比为神经细胞核。一个神经元内的计算可被表示为图 1-5。

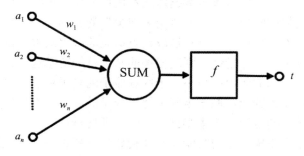

图 1-5　神经元计算

$a_1 \sim a_n$—各输入变量；$w_1 \sim w_n$—神经元各个突触的权值；f—传递函数，通常为非线性函数；t—神经元输出数学表达式为：

$$t = f(W'A + b) \tag{1-9}$$

式中，W 与 A 分别为输入向量及权值向量。

神经元细胞间的信息传递，则是通过建立不同的层来定义神经元之间的连接方式。依层数不同，人工神经网络一般分为以下三类：

（1）单层神经网络

最简单的人工神经网络为单层神经网络（图 1-6），由输入变量层（a）直接与输出层（z）连接，一般多用于解决较为简单的二元线性（分类或是非判断）问题，也被称为感知器。

（2）双层神经网络

在面对更为复杂的非线性连续多元输出变量，如分子结合强度时，需要增加层数使得各个输入变量有更多的机会交换信息，增强网络的学习功能。这就需要引入在化学信息学中使用最为广泛的人工神经网络模型之一，即双层神经网络（图 1-6）。双层神经网络除了包含一个输入层 $a^{(1)}$（与分子间结合强度相关的特征变量）、一个输出层 z（分子间结合强度）以外，还增加了一个中间层 $a^{(2)}$。此时，中间层和输出层都是计算层。这样各个输入变量就可以被更为丰富的非线性组合方式所呈现，以适应输入变量与输出变量之间更为复杂的真实函数关系。

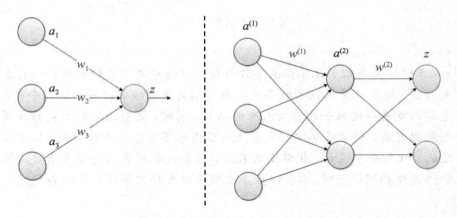

图 1-6　单层神经网络与双层神经网络

神经网络的研究人员开始使用机器学习相关的技术进行神经网络的训练。在分子结合强度相关的网络训练中，研究人员收集大量的分子结合强度实验数据，与前文介绍的分子结合强度相关的特征变量一一对应，形成可供网络训练的输入与输出对应数据作为训练集。之后引入算法（一般为反向传播算法）导出网络的梯度进行参数优化，最终得到收敛的网络模型。网络模型训练的目的就是使得该模型的表达尽可能地逼近输入及输出变量间的真实函数关系。

（3）多层神经网络

2006 年，于加拿大多伦多大学工作的 G. E. Hinton 教授在《Science》和相关期刊上发表了论文，首次提出了"深度网络"的概念。与传统的训练方式不同，"深度网络"有一个"预训练"（pre-training）的过程，这可以方便地让神经网络中的权值找到一个接近最优解的值，之后再使用"微调"（fine-tuning）技术来对整个网络进行优化训练。这两个技术的运用大幅度减少了训练多层神经网络的时间。他给多层神经网络相关的学习方法赋予了一个新名词——"深度学习"。随着多层神经网络中的层数增加,整个网络的参数就增加。更多的参数意味着整个网络模型可以通过抽取更为抽象的特征来对事物进行区分,从而获得更好的分类与拟合能力。同时,参数的增加也意味着收敛整个网络模型所需要的训练集中数据维度与数据量也要大幅提升。这也正是深度学习往往需要与大数据相结合的原因(见图1-7)。

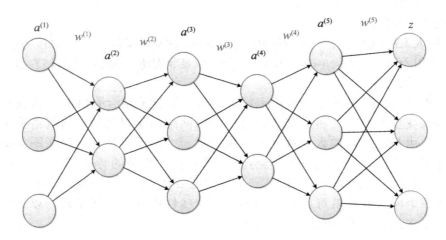

图 1-7 多层神经网络

小结:本章概括性介绍了化学信息学作为指导药物研发工作的前沿学科的主要研究方法与研究步骤。随着计算机技术的高速发展与相关各领域数据库的极大丰富,可以预见化学信息学的发展将迎来一次前所未有的高潮。同时,随着化学所研究的各领域内相关数据库的蓬勃发展,化学信息学研究方法的应用也不仅限于药物研发。从网络信息获取、化学文献管理到分子设计,化学图文表达,只要是利用了信息学方法解决化学问题的都是化学信息学的研究范畴。本书以后各章节将对现今化学信息学的各研究领域进行介绍。

第 2 章 文献检索概论

2.1 信息、知识、情报和文献

当今的时代是一个信息时代，信息对于经济和社会的发展、科技文化的进步都起着重要的作用。在这个信息时代中，谁掌握了最新信息，谁就掌握了主动性。信息是日常生活中常见的现象。知识、情报和文献首先应当属于信息的范畴。

信息从字面上理解，信即信号，息即消息，通过信号带来消息就是信息。信息具有差异和传递两要素。没有差异不是信息，如两端加相同电压的导线没有电流通过，即不产生信息；同样，即使有差异但不经过传递，也不形成信息。信息是物质存在的反映，不同的物质各自发出不同的信息。根据发生源的不同，信息一般可分为自然信息、生物信息、机器信息和人类信息四大类。信息学中讲到的"信息"一词属于"人类信息"的范畴，信息本身是看不见、摸不着的，它必须依附于一定的物质形式，即载体，比如文字、文献、声波、电磁波等。

提到知识，大家首先想到的可能是"知识就是力量"，为什么呢？知识是人们在社会实践中积累起来的经验，是对客观世界物质形态和运动规律的认识。人们在社会实践中不断接受客观事物发出的信号，经过人脑的思维加工，逐步认识客观事物的本质，这是一个由表及里、由浅入深、由感性到理性的认识过程。所以，知识的产生来源于信息，知识是通过信息传递，并对信息进行加工的结果。从这可以看出，知识是信息的一部分。

情报是被传递的知识，它是针对一定对象的需要传递并且是在生产实践和科学研究中起继承、借鉴或参考作用的知识。情报是知识的一部分，即被传递的部分。知识要转化为情报，必须经过传递并被使用者所接受、发挥其使用价值。

文献是记录有用知识的一种载体。凡是用文字、图形、符号、声频、视频记录下来，具有存储和传递知识功能的一切载体都称为文献。

信息、知识、情报和文献之间的关系可以用图 2-1 来表示，从图中可以更直观地了解四者之间的关系。近年来，随着信息技术的飞速发展，电子出版物大量涌现，使文献、情报、信息这三者之间趋向同一，逐渐淡化了三者在概念上的差别，尤其在与国际交往中情报与信息是同一概念（information），所以目前在国内科技界已倾向于用"信息"一词替代"情报"。

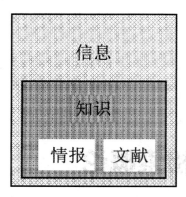

图 2-1　信息、知识、情报、文献之间的关系

2.2　科技文献的级别

科技文献的级别按内容性质，可以分为一次文献、二次文献、三次文献和零次文献。

一次文献即原始文献，凡是文献著者在科学研究、生产实践中根据科研成果发明、创造、撰写的文献，称为一次文献。如期刊论文、专利文献、技术标准、科技报告等。确定一篇文献是否为一次文献，只是根据文献的内容，而不是根据其形式。如在科技期刊上发表的论文，有可能是三次文献。一次文献是文献的主体，是最基本的情报源，是文献检索最终查找的对象。

二次文献即检索工具将分散、无序的一次文献按照一定的原则进行加工、整理、简化、组织[如著录（即记录）文献的外部特征、摘录内容要点等]的文献，使之成为便于存储、检索的系统，如目录、题录、文摘、索引等检索工具。二次文献是查找一次文献的线索，通常是先有一次文献后有二次文献。但由于文献的数量太多，有些出版物在发表原文前，首先发表文摘，或者干脆只发表文摘，不发表原文。在检索工具中（如 PA、CA），经常在文摘后会发现"Abstract Only"字样，表明该文献没有原文。二次文献具有积累、报道和检索一次文献的功能，是管理和利用一次文献的工具性文献。

三次文献是在利用二次文献的基础上，选用一次文献的内容，进行分析、概括、评价而产生的文献，如专题述评、动态综述、教科书、专著、参考工具书等。前面曾提到，在科技期刊上发表的论文，有可能是三次文献，而不是一次文献，原因是这篇论文可能是一篇综述性的文章。三次文献一般来说系统性好，综合性强，内容比较成熟，常常附有大量的参考文献，有时可作为查阅文献的起点。

从一次文献到二次、三次文献，是一个由分散到集中，由无组织到系统化的过程。对于文献检索来说，查找一次文献是主要目的。二次文献是检索一次文献的手段和工具。三次文献可以让我们对某个课题有一个广泛的、综合的了解。

零次文献是形成一次文献之前的文献。如原始实验数据、手稿等。零次文献是非常重要的文献，一般都是保密级的。不但零次文献要加以保密，在发表一次文献的时候也要对自己的成果加以保护。作为新一代的科技工作者，要全身心地投入的科研工作中，要发扬合作精神，同时对自己的成果要严加保密。例如，表 2-1 为孤岛渣油热反应的研究数据（并非真实数据）。

表 2-1　孤岛渣油热反应条件及产物分布研究数据（质量分数）

反应温度/℃	C_1～180℃馏分/%	180～500℃馏分/%	生焦量/%
400	3.15	7.89	0
410	8.97	14.43	0.01

在发表论文的时候，由于油样名称和反应温度是关键的条件，要加以保护，至少要隐匿其一。发表论文时可以用表 2-2 的形式。

表 2-2　孤岛渣油热反应条件及产物分布论文数据（质量分数）

反应温度/℃	C_1～180℃馏分 m/%	180～500℃馏分 m/%	生焦量 m/%
基准温度	3.15	7.89	0
基准温+10	8.97	14.43	0.01
基准温+20	16.32	21.55	2.35
基准温+30	35.57	23.24	8.72

2.3　科技文献类型

所有科技活动和生产活动的成果，都有可能成为文献的来源。科技文献按出版形式大致可以分为以下十大类。

（1）科技图书

科技图书（book）是品种最多、数量最大的出版物之一。它一般是总结性的、经过重新组织的二次和三次文献。按性质可分为阅读性图书和参考性工具书。阅读性图书有专著（monograph）和丛书（series of monograph）、教科书（textbook）等。参考性工具书有词典（dictionary）、手册（handbook）、百科全书（encyclopedia）等。

科技图书可以帮人们比较全面、系统地了解某一特定领域中的历史和现状，可以将人们正确地领入自己所不熟悉的领域，也可以作为一种经常性的参考工具，但编辑出版时间长，传递情报的速度太慢，所以从情报检索过程来看，科技图书一般不作为主要检索对象。

（2）科技期刊

期刊（periodicals）又称杂志（journal、magazine），一般是指具有固定题名、定期或不定期出版的连续出版物。如《分析化学》《大学化学》《化学教育》《Nature》《Science》等，都是科技期刊。期刊有刊号：ISSN 为国际标准刊号，CN 为国内标准刊号。科技期刊是文献检索的重要目标之一，不管是用什么检索工具，查到的科技论文，最终都要查阅科技期刊。

科技期刊在检索工具的文摘中，往往有卷、期、页的标志，如引文书目 J. Am. Chem. Soc（36），8474（2018）包含了出版期刊名缩写 J. Am. Chem. Soc，期号 36，起始页码 8474 与发表年 2018。

与图书比较，期刊出版周期短、刊载论文速度快、内容新颖深入、发行与影响面广、及时地反映了各国的科学技术水平。期刊论文多数是未经重新组织的，即原始的一次文献。在科学技术界已形成了通过科技期刊发表科研成就的传统，许多新的成果、新的观点、新的方法往往首先在期刊上刊登。科技期刊在科学技术活动中一直起着非常重要的作用，是科学交流的主要工具。它在科技文献中占有非常突出的地位。

（3）科技报告

科技报告（technical reports）又分专题报告、专人报告、年度科技报告等，在检索工具的文摘中，常有"Report"标志。国际上著名的科技报告是美国政府四大报告：PB（政府部门）、AD（军事系统）、NASA（国家航空与航宇局）、DOE（能源部）。科技报告具有一定保密性。

（4）会议文献

会议文献（conference papers）是指国际学术会议和各国国内重要学术会议上发表的论文和报告。如中国化学会举办的各种化学会议、高登研究会议（Gordon Research Conference）、美国 ACS 年会（American Chemical Society Annual Meeting）等。这些论文都是重要文献的来源。此类文献一般都要经过学术机构严格的挑选，代表某学科领域的最新成就，反映该学科领域的最新水平和发展趋势。所以会议文献是了解国际及各国的科技水平、动态及发展趋势的重要情报文献。但会议文献与期刊及其他类型的文献有重复交叉。会议文献大致可分为会前文献和会后文献两类。会前文献主要指论文预印本（preprint）和论文摘要，会后文献主要是指会议结束后出版的论文汇编——会议录。

（5）专利文献

各国获得专利权的专利在检索工具的文摘中，常有国际专利分类号（即 IPC 分类号，如 C07D207、24）、专利申请号（如 Appl.95/23,080）、申请日期、优先权国家代码等。作为一次文献主要有：专利公报和专利说明书。专利文献（patents）能及时反映全世界各行各业的工艺技术最新进展，以其内容详尽、技术新颖、实用性强等特点，成为科技人员经常使用的重要文献。

（6）学位论文

学位论文（thesis、dissertation）是高等学校、科研机构的研究生为获得学位，在进行科学研究后撰写的学术论文，包括学士（bachelor）、硕士（master）、博士（doctor）毕业论文，特别是硕士、博士毕业论文具有很好的参考性。

学位论文常有"Diss."（dissertation 的缩写）标志，而且有学位论文编号，如 Order No. DA 8328940 From Diss. Abstr. Int. B, 1984, 44(8),2428。学位论文目前可以由专门的学位论文数据库检索获得。我国实行学位制度以来，比较重视对国内学位论文的收集。1984 年教育部决定，我国所有研究生的博士、硕士论文，一律交中国科技情报研究所收藏，并提供中国学位论文的缩微平片。科技文献出版社发行《中国学位论文通报》作为检索学位论文的工具。国际上比较著名的学位论文检索工具是 ProQuest 学位论文数据库。

（7）技术标准

技术标准（technical standards）是一种规范性的技术文件。它是在生产或科研活动中对产品、工程或其他技术项目的质量品种、检验方法及技术要求所做的统一规定，供人们遵守和使用。技术标准按使用范围可分为：国际标准、区域性标准、国家标准、专业标准和企业标准等五大类型。每一种标准都有统一的代号和编号，独自构成一个体系，技术标准是生产技术活动中经常利用的一种科技文献。如 ISO900*系列（International Standardization Organization，即国际标准化组织），如中国的国标（GB）、美国的 ASTM（American Society for Testing Material，即美国试验材料协会）标准。

（8）政府出版物

政府出版物是各国政府部门及其所属的专门机构发表、出版的文件。其内容广泛，从基础科学、应用科学到政治、经济等社会科学。其中科技文献占 30%～40%，通过这类文献可了解一个国家的科学技术、经济政策、法令、规章制度等。

（9）产品样本

产品样本是国内外生产厂商或经销商为推销产品而印发的企业出版物，用来介绍产品的品种、特点、性能、结构、原理、用途和维修方法、价格等。查阅、分析产品样本，有助于了解产品的水平、现状和发展动向，获得有关设计、制造、使用中所需的数据和方法，对于产品的选购、设计、制造、使用等都有较大的参考价值。

（10）科技档案

科技档案是指具体工程建设及科学技术部门在技术活动中形成的技术文件、图纸、图片、原始技术记录等资料。科技档案是生产建设和科学研究工作中用以积累经验、吸取教训和提高质量的重要文献，现在各单位都相当重视科技档案的立案和管理工作。科技档案大多由各系统、各单位分散收藏，一般具有保密和内部使用的特点。

上述十种类型的文献，基本上包括了主要的文献类型，是获得科技情报的主要来源，即人们常说的十大情报源。

2.4 科技文献的出版形式及科技文献的特点

2.4.1 科技文献的出版形式

科技文献按其载体性质来区分，可分为印刷类与电子类。目前，出版物的形式已经"走出铅与火，走进光与电"，更多地采用声像型和数字存贮型。

印刷类有传统印刷型，包括铅印、油印、胶印等。这是一种存在了好几百年的传统形式。除此之外，还有缩微型。缩微型是以感光材料为存储介质，以缩微照相为记录手段的文献形式。其主要包括缩微胶卷、平片等高倍率的复制文献。

信息化时代下，印刷类出版物已经慢慢被各种形式的电子出版物所替代。电子出版物是一种通过网络系统向入网的用户发行的一种刊物。这种方式发行的刊物，信息量大，周期短，用户可以得到几分钟甚至几秒钟以前产生的信息，而且节省纸张和投递费用。

2.4.2 科技文献的特点

（1）文献数量剧增，类型、语种多样

在过去的 200 多年间，期刊的增长与时间成指数函数关系，差不多每隔 15 年翻一番，一些热门和尖端学科则更快，2～3 年就翻一番。过去一个专业人员看几种期刊就可以掌握本学科世界动向，基本上满足个人研究和教学工作的需要，但是现在看 40 种期刊也不能满足需要。何况除了期刊，还有大量别的类型的文献。

（2）文献分布离散、内容重复交叉

一本期刊往往刊登到五六个学科或专业的文章，少则也有两三个学科或专业，单一学科的杂志极少。另外，在直接相关的专业杂志上发表的文献只占 50%，另外一些则发表在其他间接相关的专业杂志上。

（3）科技文献更新频繁、更新速度快

借助于计算机网络的发展，无论是科技成果的产出速度还是科技文献的传播速度较 20 世纪都有了飞跃性的发展。从图书馆到单机到局域网到互联网，从印刷品到台式机到笔记本电脑到手机，科技文献获取和传递的方式都越来越贴近我们。人们可随时随地地通过不同网络检索方式调取查阅科技文献。因此在信息化时代，必须不断地占有新情报、补充新知识、了解新事物、研究新问题，才能跟上时代，适应日益发展的新形式的要求。

2.5 科技文献检索概述

2.5.1 科技文献检索的含义

检索的英文是"retrieval"或"search"，其含义是"查找"。将信息按一定的方式和规律排列存储，并针对用户特定需求查找出所需信息的过程称为信息检索。从广义来说，信息检索包括存储过程和检索过程；对信息用户而言，往往是指查找所需信息的检索过程。一般认为，信息检索（information retrieval）包括两个方面。

（1）数据事实检索

数据事实检索（data fact retrieval）以数据或事实为检索对象，检索结果是特定的数值性或事实数据，是用户可以直接利用的信息。例如，查物质的物理化学性质，如熔点、沸点、溶解度等，查某物质的光谱数据、电化学数据、物理化学常数等。

（2）文献检索

文献检索（document retrieval）以文献为检索对象，检索结果是文献资料。例如，查找有关"荧光探针在生物成像方面的研究与利用"这一研究课题的一定年限的文献；某项发明创造在申请专利前的查新等。

其中数据事实检索是检索包含在文献中的情报，而文献检索实际是书目检索，检索包含所需情报的文献的线索，根据文献的线索，再进一步查找文献，然后筛选出所需要的情报。科技人员在进行情报检索的过程中，一般以文献检索为主。但无论是检索包含在文献中的情报，还是检索包含情报的文献，都离不开文献。文献检索是最基本的检索形式，从检索难度来看，它比数据事实检索更为复杂。

2.5.2 文献的存储与检索

完整的检索系统包括两个部分，即文献的存储和文献的检索（图2-2）。存储是检索的基础，检索是存储的目的。可以看作是电视节目的制作发射与接收，数据文件的压缩与解压。

存储文献时，首先按照一定规则，把文献的外部特征和内容提要著录下来，形成能反映文献特征的记录单元。文献的外表特征包括文献的篇名、著者和出处，这些外表特征可形成文献的外表特征标识，如篇名、著者、号码等。然后，对文献的内容进行分析，按学科属性或主题概念用合适的检索语言进行标引，形成文献的内容特征标识。文献经过著录和标引，形成了反映文献外表特征和内容特征的各种标识。不同类型的检索标识又汇编成供检索用的各种索引。

检索文献时应根据检索要求将所需文献用特征标识来表示，与存储在系统中的文献特征标识进行比较，来确定所需的文献资料。

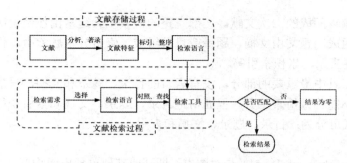

图 2-2　文献的存储与文献检索

2.5.3　科技文献检索的意义与作用

随着科学技术在深度与广度上的不断发展，各种信息、知识、文献、情报如潮水般涌来。如果不掌握文献检索的知识和方法，要从数量庞大、类型复杂、分布分散、内容交叉重复、文种多样的文献资料的汪洋大海中，迅速、准确地获取自己所需要的文献资料，确实不是一件轻而易举的事情。就化学专业来说，目前世界上出版的化学杂志有一万多种。一个化学家，无论他多么勤奋都只能阅读其中微小的一部分，况且他还不能只是停留在阅读他人成果的基础上。

文献检索的重要性和作用是不言而喻的。文献检索的最终目的就是获取有效信息，信息就是一种重要的资源，善于利用这种资源，就能有效地促进经济和社会的发展。对于一个科研工作者来说，文献检索的意义主要在于以下几点。

（1）避免重复劳动，有利于维护知识产权

科技文献、教材的内容往往是几年、几十年、上百年前的发现或研究成果，而这些成果对现在的研究往往有着不可忽视的作用。文献检索可以帮助我们继承前人的经验，避免科研工作的重复劳动，节省科研经费和工程投资，同时也维护了前人的知识产权。

（2）继承前人经验，加快科研步伐

就科学研究的全过程来说，无论是新课题还是老课题，在课题的确定、规划的制订、方案的取舍、难点的攻关，还是成果的鉴定和总结等方面，都离不开文献检索。通过文献检索可以了解课题的最新进展，在掌握新课题的基础上，进行科研创新，加快科研速度。

（3）进行科研创造、申请科研项目必不可少的基础工作

进行科学研究需要经费，目前高校的科研经费的来源主要有两条：一是纵向科研经费，即国家拨款的科研项目；二是横向科研经费，即与工厂企业联合的科研项目。无论什么样的科研经费，都需要科研工作者去积极争取。

由于知识剧增，学科愈来愈多，愈分愈细，任何一个学生都不可能在学校里学完工作所需要的全部知识。在学校里，最重要的是培养学生获取知识的能力。文献检索与利用可以发挥学生智能、培养学生独立获取知识的能力。学生掌握情报检索的知识和方法后，不仅能找到所需要的资料，而且掌握了解决问题的方法，从而有助于弄清知识的来龙去脉，锻炼和培养分析问题和解决问题的能力，这有利于今后在实际工作中取得较好的成果。

2.5.4　科技文献检索工具

科技文献检索工具是用来报道、存储和查找文献线索的工具。它是在一次文献的基础上，经过加工整理、编辑而成的二次文献。一部完整的检索工具通常由使用说明、著录正文、索引和附录几部分组成。正文由文摘、题录或目录组成。索引分主题索引、作者索引、分类号索引、期索引、卷索引、累积索引等。

索引是检索工具中最重要的部分，没有索引的目录、题录和文摘，只能起到报道作用，不起检索作用，不能称为检索工具。但通常把目录、题录、文摘和索引统称为检索工具。检索工具按著录方式可分为：目录、题录、文摘和索引。

（1）目录

目录（bibliography、catalogue）是对图书、期刊或其他单独出版物特征的揭示和报道。它是历史上出现最早的一种检索工具类型。目录以单位出版物为著录对象，一般只记录外部特征，如题名、著者、出版事项、载体形态等。目录主要用于检索出版物的名称、著者及其出版、收藏单位。常用的目录有国家书目、馆藏目录、专题目录、联合目录、出版发行目录、期刊年终目录（一般期刊的年终最后一期上有全年的目录）等。

（2）题录

题录（title）是对单篇文献外表特征的揭示和报道，题录项目一般有篇名、著者、文献来源、文种等。由于题录项目比较简单，因此收录范围广，报道速度快，是用来查找最新文献的重要工具。但它揭示文献内容很浅，只能作为临时过渡性检索工具。文摘一出版，它的作用就被文摘所代替。著名的题录刊物有美国的《化学题录》（Chemical Titles）、《现期期刊目次报道》（Current Contents）、英国的《当代工艺索引》（Current Technology Index）等。我国的《全国报刊索引》也属这种类型。

（3）文摘

文摘（abstract）（摘要）是系统报道、累计和检索文献的主要工具，是二次文献的核心。文摘以单篇文献为报道单位，不仅著录一次文献的外表特征（即文献的标头部分），还著录文献的内容摘要。不看原文，往往便可决定文献资料的取舍，从而节约查阅原始文献资料的时间。按文摘报道的详简程度，文摘可分为指示性文摘和报道性文摘两种类型。报道性文摘有时可代替原文，这类文摘对于不懂原文文种及难以获得原文的科技人员尤为重要。文摘类检索工具主要由文摘和索引两部分组成，分别起报道和检索作用。索引配备的完善与否是衡量文摘类检索工具的重要标志。

（4）索引

索引（index）是揭示各种文献外部特征或内容特征的系统化记载工具。它的著录项目没有目录、题录、文摘那样完全，大多数索引不能直接查到原始文献资料，而必须通过该文献资料在检索工具中的序号，在检索工具的正文中找到文献资料的来源出处，进而找到原始文献资料。学习检索工具的使用方法，主要是学习索引的使用方法。

2.6 科技文献检索的途径

2.6.1 根据文献的外部特征进行检索

（1）文献名途径

文献名主要指书名、期刊名、论文名等。得知准确文献名后可通过百度、谷歌等搜索引擎直接搜索，来源十分便捷准确。

(2) 作者途径

作者途径是根据已知作者的姓名来查找文献。常用 Author Index 进行检索。由于一个人在一生中从事的职业和研究的课题具有连贯性，因此，通过跟踪某一作者可以检索某一专题的主要文献。如果经常翻阅相关领域的科技文献，知道谁在某领域做出了很好的研究。通过作者途径可以系统追踪其研究发展方向与成果，了解科研前沿动态。

(3) 序号途径

序号途径是根据文献的编号来查找文献的途径。这种检索工具有报告号索引、标准号索引、专利号索引等。利用该途径进行检索时，必须首先知道所查文献的号码，因而这类索引的利用受到限制。例如要了解某一专利的详细内容时，就必须首先知道它的专利号。要准确查找某一期刊文献，可通过其 DOI 号进行检索。查找书籍，可通过其出版号，如 ISSN 号。要查找某一化学品可通过其 CAS 登记号进行检索。

(4) 其他途径

也可以根据文献是研究论文还是综述、是书籍还是研究报告、是英文还是中文、出版日期等外部特征进行检索。

2.6.2 根据文献的内容特征进行检索

(1) 主题途径

主题途径是按照文献的主题内容进行检索的一种途径。这类检索工具有主题索引（subject index）、关键词索引（keywords index）、叙词索引等。该途径以文字做标识，索引按照主题词或关键词的字顺排列，能把同一主题内容的文献集中在一起。如 SciFinder 数据库中的研究主题（research topic）检索，看起来有点像文献名检索途径，但主题途径是按文献的内容进行分类的。

(2) 学科分类途径

学科分类途径类检索工具有分类目录、分类索引等。用此途径进行检索，能把同一学科的文献集中在一起查出来，如 SciFinder 数据库对文献检索结果有分类功能，可进一步凝练检索结果。但从学科分类途径检索必须了解学科分类体系，如在概念分类的过程中发生差错，则容易形成漏检或误检。在检索专利文献时所用的 IPC（international patent classification）分类途径，即属于学科分类途径。

(3) 其他途径

根据学科的不同性质和不同特点，不同学科的文献检索工具有自己独特的检索途径。如分子式、化学反应式检索等。

2.7 科技文献的检索方法

文献检索方法是影响检索效果的重要因素，它可分为直接检索和间接检索。间接检索法是常用的一种科学检索方法，它可分为常规法、追溯法和综合法。

2.7.1 常规法

常规法根据检索入手的时间不同可分为以下几种。

① 顺查法：根据检索课题的具体要求，利用特定的检索工具，由远及近，逐年查找。用这种方法，查得的文献比较完整，能反映课题研究发展的全过程，查全率高，但工作量大。

② 倒查法：由近及远，按时间逆序查找，重点放在近期新文献，目的是获取近期发表的最新文献信息。还有一种倒查法是根据某篇具体文献，查找引用了该文献的文献，即英文称为 get citing。此法省时灵活，效率较高，是一般科研人员最常用地方法。在确认某项成果是否创新时，也适合用倒查法。

③ 抽查法：对课题研究进展最快、发表文献最多的若干年的文献，逐年查找。

这几种方法各有适用的条件，各有优缺点。

2.7.2 追溯法

追溯法就是利用最新发表的文献后所附的参考文献，由远及近，追溯查找相关文献。如数据库中有查找参考文献的功能（get cited）形成类似链锁反应的检索网络（图 2-3）。利用此法进行检索，不需要利用检索工具，查找方法简单。但检索效率不高，漏检率较大。这种方法是不少科技人员常用的方法，方便实用。

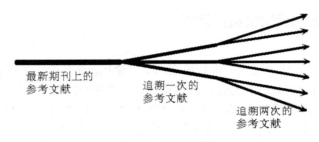

图 2-3 检索网络

如有这样一篇论文：
Title: Visbreaking of Vacuum Residue in the Presence of Additives
Author: Michel Thomas
Reference: Schuetze, B. and Hofmann, H., *Hydrocarbon Processing*, 1984, 75

追溯法就是利用作者 Michel Thomas，Schuetze B. and Hofmann H.继续查作者索引，或查 *Hydrocarbon Processing*, 1984, 75，并且可以继续查 *Hydrocarbon Processing*, 1984, 75 后的参考文献和作者。

2.7.3 循环法（综合法）

循环法就是综合利用常规法和追溯法进行检索（图 2-4）。首先利用检索工具查找出所需文献，再利用文献后所附参考文献，追溯查找相关文献。然后检索引用该文献的文献进行科研查新（get citing），追踪最新进展。如此交替使用常规法和追溯法，直到取得满意的效果。例如，找到一篇"关于内源性醛类代谢物检测"方面的相关文献（顺查法），再根据该文献后的参考文献追溯其他文献（追溯法）；然后再去查引用了该文献的文献（倒查法），看看该文献发表后的科研进展。总的来说，查文献的文献，查其根源；查引用该文献的文献，查其创新。

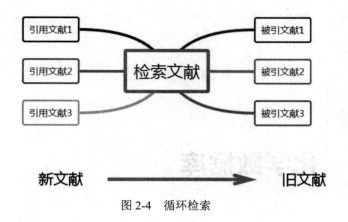

图 2-4　循环检索

2.7.4　基本检索步骤

以接触某一新课题的文献检索为例，其大致步骤可分为以下几点：①分析课题，明确检索范围及要求；②选择检索系统，确定检索标识；③确定检索途径和检索方法；④查找文献线索；⑤查找和获取原始文献。

小结：信息化背景下的文献检索越来越便捷，检索方式越来越丰富，各种文献似乎唾手可得。但是，丰富的信息量并不意味着信息的有效获取与转化，在获取信息前应明晰科技文献检索的基础内涵与方式，有的放矢才能事半功倍。本章介绍了文献检索的基础性认识，本书以后各章节将对一些重要的网络化学信息检索平台进行具体介绍。

思考题

1. 科技文献有哪些形式？常用的科技文献有哪些？
2. 如要追踪某一文献主题和当前的研究动态，应该用哪种检索方式？

第 3 章 化学数据库

在化学化工相关学科的应用与研究工作中,几乎每一个环节都需要获取各式各样的化学信息。这些化学信息可以是科研论文,例如某个知名化学家的重要研究论文、某个研究领域的文献综述;可以是来自化合物及化学反应的各种宏观和微观数据,例如反应物的各种物理化学性质、化学反应的热力学和动力学数据,它们决定了必需的反应条件,又如新的产物生成,需要进行各种检测,需要查找各种特征谱图与之对应,帮助确定特征元素和基团等等;也可以是某篇专利或者学位论文。而在网络技术飞速发展的今天,这些海量的化学信息大部分都可以从化学数据库中获得,它们不但蕴含着当前化学研究的大部分成果,而且具有检索方便,不受时间、地点限制等特点,目前已成为广大学者和研究人员的科研首选。

化学数据库收录的化学信息按照资源类型来分类有:图书、期刊、专利、行业标准、百科全书、化学文摘(chemical abstracts,CA)等。因此,可以将化学数据库分为全文文献数据库(全文数据库)、文摘索引数据库(文摘数据库)、事实数据库与特种文献数据库这几大类。但目前化学数据库的发展趋势是越来越综合化,收录内容也来越丰富,因此,数据库可能涵盖多个子数据库,各个数据库之间彼此内容也存在交叉。在接下来的章节中,将对这些数据库进行介绍,对某些重要化学数据库的实际使用进行实例说明。各种化学数据库见图 3-1。

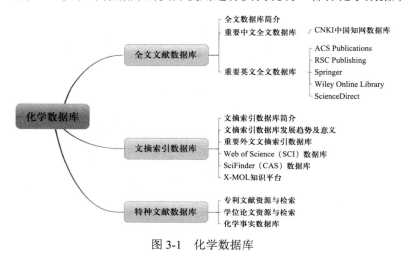

图 3-1 化学数据库

3.1 全文文献数据库

3.1.1 全文数据库简介

（1）定义

全文数据库（full text database）是集文献检索与全文于一体，近年来发展较快和前景较好的一类数据库。与文摘数据库（bibliographic database）（只包含数目、文摘或部分文本信息）不同，全文数据库囊括了原始文档的全文，内容十分丰富。因为涉及全文文档的版权问题，这些全文文献数据库一般归各大出版集团所有。目前重要的化学全文文献数据库有：美国化学会出版部的 ACS 期刊数据库、爱思唯尔集团的 ScienceDirect 数据库、英国皇家化学学会的 RSC 数据库、德国的 Springer 数据库以及美国 Wiley online library 数据库。重要中文全文数据库有：中国知网（国家知识基础设施）数据库、维普中文科技期刊数据库、万方系统的数字化期刊全文数据库等。

（2）特点

① 免去了检索书目数据库后还得费力去获取原文的麻烦。
② 多数全文数据库提供全文字段检索，有助于文献的查全。
③ 可以进行简单检索、二次检索、高级检索等，检索策略都可以编辑、保存。
④ 阅读全文数据库中的全文，计算机内必须安装全文浏览器。
⑤ 通用的全文格式较少，主要有 PDF 格式和 HTML 格式。
⑥ 因为数据库要收录全文，因此数据库收录文献数量较文摘数据库要少。

3.1.2 重要中文全文数据库

3.1.2.1 中国知网（国家知识基础设施）

中国知网，全称为中国国家知识基础设施（China National Knowledge Infrastructure，CNKI），是由清华大学、清华同方发起的，中国知网是以《中国知识资源总库》为核心的数据库，它收录了全文期刊、博硕士论文、会议论文、报纸等学术与专业资料，覆盖理工、社会科学、电子信息技术、农业、医学等广泛学科范围。其网站入口为：www.cnki.net。

CNKI 包含 5 个重要源数据库，它们分别为《中国学术期刊（网络版）》《中国优秀博硕士论文全文数据库》《中国重要会议论文全文数据库》《中国重要报纸全文数据库》与《中国工具书网络出版总库》。这些丰富的源数据库在资源数量和完备性上为建设各种知识搜索产品提供了保证，所采用的"一站式"检索平台的形式，实现了统一跨库检索。用户能够在一个界面下完成以上所有数据库的检索，省却了多个库逐一登录、逐一检索的麻烦，检索过程简单、快捷，检索界面格式统一，减轻了用户的学习负担。接下来将逐一介绍这五大源数据库的资源内容。

（1）《中国学术期刊（网络版）》数据库

《中国学术期刊（网络版）》英文为 China Academic Journal Network Publishing Database（CAJD），是世界上最大的连续动态更新的中国学术期刊全文数据库，内容以学术、技术、政策指导、高等科普及教育类期刊为主，内容覆盖自然科学、工程技术、农业、哲学、医学、人文社会科学等各个领域。收录自 1915 年至今出版的期刊，国内学术期刊 8000 种，全文文献总量 5000 万篇。收录国内 8200 多种重要期刊，以学术、技术、政策指导、高等科普及教育类为主。产品分为十大专辑：理工 A、理工 B、理工 C、农业、医药卫生、文史哲、政治军事与法律、教育与社会科学综合、电子技术与信息科学、经济与管理。十大专辑下分为 168 个专题和近 3600 个子栏目。

（2）《中国优秀博/硕士论文全文数据库》（CDMD）

《中国优秀博/硕士论文全文数据库》（CDMD）完整收录了中国 985、211 工程高校、中国科学院、中国社会科学院、国家重点实验室的博硕士学位论文 300 万篇，文件有时需使用 CAJ 浏览器下载。它也是目前国内相关资源最完备、高质量、连续动态更新的博士硕士学位论文全文数据库，覆盖领域有基础科学、工程技术、农业、哲学、医学、哲学、人文、社会科学等各个领域。

（3）《中国重要会议论文全文数据库》（CPCD）

《中国重要会议论文全文数据库》（CPCD）完整收录重要连续性会议产出的系列会议论文，其中包括 1999 年以来中国二级以上学会、协会、高等院校、科研机构等单位编撰的会议论文集部分重点会议论文。最早回溯至 1953 年已累积出版了国内外 15000 个学术会议产生的论文 135 万多篇。

（4）《中国工具书网络出版总库》

《中国工具书网络出版总库》收录了中国 200 多家知名出版社的 9000 余册工具书，包含 1500 万词条、80 万张图片，其所有的 40 多个专题工具书库中包括语言词典、专科辞典、百科全书、图谱、年表、手册等各种类型，是了解中国各行业、各学科发展的百科全书。

（5）《中国重要报纸全文数据库》

《中国重要报纸全文数据库》收录 2000 年以来中国大陆公开发行的 544 种重要报纸，收录特定行业和专业读者中具有重要影响的行业性报纸，如计算机报、中国化工报等，内容包括重要学术机构介绍、科研管理改革政策与动态、学术文献等。

3.1.2.2　CNKI 检索模式

在校园网中只要浏览器中输入 CNKI 网址，即 www.cnki.net 就能连接到中国知网首页。其网页界面如图 3-2 所示。在页面显著位置可以看到检索框，在检索框内输入相应的检索词就能进行检索了。在这里 CNKI 提供了三种检索模式，即文献检索、知识元检索与引文检索。

中国知网数据库

图 3-2　CNKI 数据库检索界面

(1) 文献检索

文献检索模式（图 3-3）中可以在检索框中输入文献检索词，同时选定检索词在文献中出现的位置，包括"主题""关键词""篇名""全文""作者"等；还可以选择检索下列源数据库，如《中国学术期刊（网络版）》《中国优秀博硕士论文全文数据库》《中国重要会议论文全文数据库》《中国重要报纸全文数据库》等，即实现跨库检索。可以单击选定或取消想要检索的源数据库，也可以点击某个库所对应的图标直接连接到此源数据库的检索界面。

图 3-3　CNKI 文献检索界面

(2) 知识元检索

知识元检索不同于文献搜索，CNKI 知识元数据库搜索是一部不断更新完善的 CNKI 知识元数据库词典，可提供最权威、最准确的 CNKI 知识元概念。只需简单的输入和点击操作，就可以得到想要查询词汇的准确定义，并且可直接查询定义出处（图 3-4）。知识元检索的出处可以为："知识问答""百科""词典""手册""工具书"，也可以为文献中出现的词语或句子。

图 3-4　知识元检索界面

(3) 引文检索

引文检索的结果是引用了带有检索词文献的文献。在检索框中输入被引文献的检索词，在左栏设定被引文献检索词出现的位置，就可以得到结果了（图 3-5）。

3.1.2.3　CNKI 其他检索模式

① 一般检索：拟定关键词后输入搜索框检索。

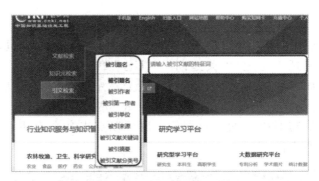

图 3-5 引文检索界面

② 高级检索：高级检索的功能是在指定的范围内，按一个以上（含一个）检索项表达式检索，这一功能可以实现多表达式的逻辑组配检索。可按照自己需求来组合逻辑表达式，以便进行更精确的检索。

③ 出版物检索：可限定出版物来源，如期刊、会议、报纸、年鉴、工具书，并对来源名称、主办单位、出版者、ISSN 号等进行检索词设定进行检索。

CNKI 系列源数据库一直在更新扩充，除了提供检索服务外，CNKI 还提供出版平台和评价查询，以及一些软件如学术不端文献检测系统等服务，是目前使用最为广泛、功能最为强大的中文数据库之一。

3.1.2.4 其他中文数据库

（1）维普中文科技期刊数据库

维普中文科技期刊数据库是我国数字图书馆建设的核心资源之一，是高校图书馆文献保障系统的重要组成部分，也是科研工作者进行科技查证和科技查新的必备数据库。该数据库收录了 1989 年至今的 14000 多种期刊（现刊 9000 余种），其中理学类期刊收录有 200 多种，内容涵盖自然科学、工程技术、农业、医药卫生、经济、教育和图书情报等学科。维普中文科技期刊数据库主要提供期刊文献的检索。

（2）万方数据库

万方数据库是由万方数据公司开发的，是涵盖期刊、会议纪要、论文、学术成果、学术会议论文的大型网络数据库，也是和中国知网齐名的中国专业的学术数据库。其开发公司万方数据股份有限公司是国内第一家以信息服务为核心的股份制高新技术企业，是在互联网领域，集信息资源产品、信息增值服务和信息处理方案为一体的综合信息服务商。

（3）超星数字图书馆

超星数字图书馆是目前世界上最大的中文在线数字图书馆，提供大量的电子图书资源的阅读，其中包括文学、经济、计算机等五十余大类，数百万册电子图书，500 万篇论文，大量免费电子图书，超 16 万集的学术视频，为目前世界最大的中文在线数字图书馆。

3.1.3 重要英文全文数据库

（1）ACS Publications （美国化学学会期刊）

ACS（美国化学学会）成立于 1876 年，是世界上最大的科技学会之一，会员数近 16 万。ACS 也是享誉全球的科技出版机构，目前出版期刊 60 余种，涵盖了有机化学、分析化学、应用化学、材料学、分子生物化学、环境科学、药物化学、农业学、材料学、食品科学等 24 个学科领域（网址：http://pubs.acs.org/）。ACS 期刊全文库受到国家科技图书文献中心的资助，通过中国教育和科研计算机网（CERNET）的专线访问，采用 IP 地址控制访问权限。授权用户可以通过直接访问 http://pubs.acs.org 来浏览期刊，或者通过本单位的图书馆主页的 ACS 期刊全文库的超链接来访问 ACS 旗下的期刊。

ACS 期刊全文库的检索包括普通检索"Search"，引用检索"Citation"以及主题检索"Subject"，在主页的右上角（图 3-6）。以普通检索为例，可以在左边的对话框里输入检索的文字（text）或者数字对象唯一标识（DOI），并选择其出现的位置，如全文、标题、作者或摘要，即可检索得到相关的文献。除此以外，ACS 期刊全文库也提供高级检索，用鼠标单击快速检索区域右上角的"Advanced Search"，即可进入高级检索界面（图 3-7）。高级检索的左边是 5 个限定字段，分别是全文、标题、作者、摘要和图表说明，右边是关于检索的一些说明和指南。在高级检索框的下方还可以对期刊的范围和出版时间进行限定以缩小检索的范围，增加检索的效率。

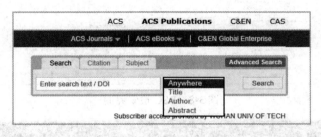

图 3-6　ACS 期刊检索界面

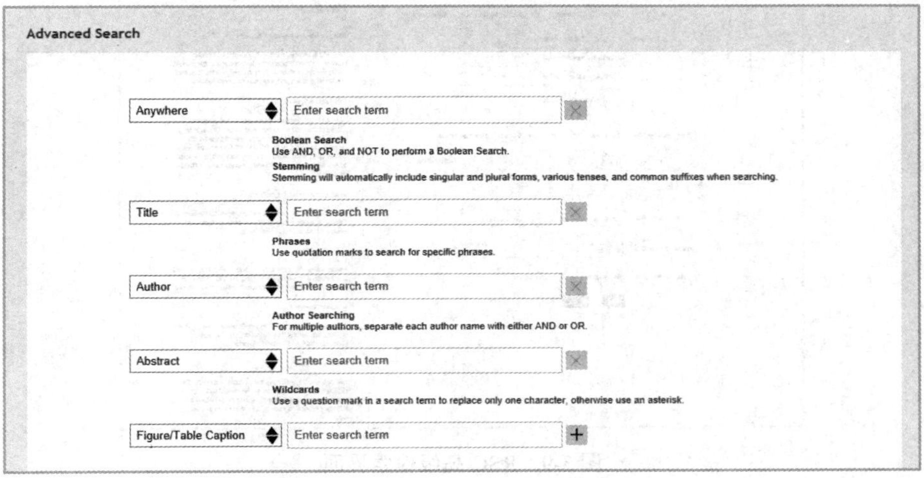

图 3-7　ACS 期刊的高级检索界面

（2）RSC Publishing（英国皇家化学学会期刊）

RSC（英国皇家化学学会）成立于 1841 年，是由约 4.5 万名化学研究人员、教师、工业家组成的专业学术团体，出版的期刊及数据库一向是化学领域的核心期刊和权威性的数据库。RSC 出版 45 种同行评议的期刊，如 Analytical Methods，Chemical Communications，Chemical Society Reviews 等。这些期刊大部分被 SCI 收录，是被引用次数最多的化学期刊库之一（网址：http://www.rsc.org/is/producthome.html）。

RSC 期刊全文库的检索框在主页（图 3-8）上方，可以在框中输出相应的关键词来进行检索。如果需要进行高级检索，可以点击对话框中的"Advanced"，页面将跳转到图 3-9 所示的 RSC 高级检索界面，可以参考界面右方的高级搜索指南进行。

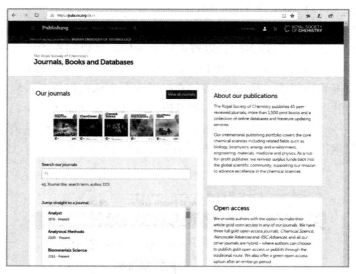

图 3-8　RSC 检索界面

图 3-9　RSC 高级检索界面

（3）Springer

Springer（施普林格）是全球领先的科学、技术和医学出版机构，其数据库（图 3-10）提供包括全文期刊、图书、科技丛书和参考书的在线数据资源，拥有超过 2900 种期刊和 300000 本图书，内容丰富，可通过登录网页进行数据库检索（网址：https://www.springer.com/gp）。Springer 数据资源涵盖了化学、生命科学、材料科学等 20 多个学科。其化学类期刊涵盖了四大化学、生物化学、高分子化学、计算化学等领域。除了学术期刊以外，它还提供包括电子参考工具书、电子图书、实验室指南、在线回溯数据库以及更多内容。

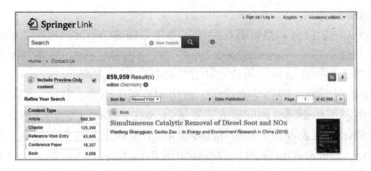

图 3-10　SpringerLink 检索界面

（4）Wiley Online Library

Wiley Online Library（威利在线图书馆）是世界最为著名期刊出版商之一，期刊涵盖化学、生命科学、健康科学、自然科学、社会与人文科学等全面的学科领域，收集有 1600 多种期刊（400 万篇论文）以及 21000 多部电子图书，上千种参考资料、实验室协议和数据库（网址：http://onlinelibrary.wiley.com/）。Wiley Online Library 的检索界面如图 3-11 所示，可以点击"Advanced Search"进入到高级检索界面（图 3-12），界面的右方是高级检索的指南，检索的选项可以是全文、标题、作者、关键词和摘要。

图 3-11　Wiley Online Library 检索界面

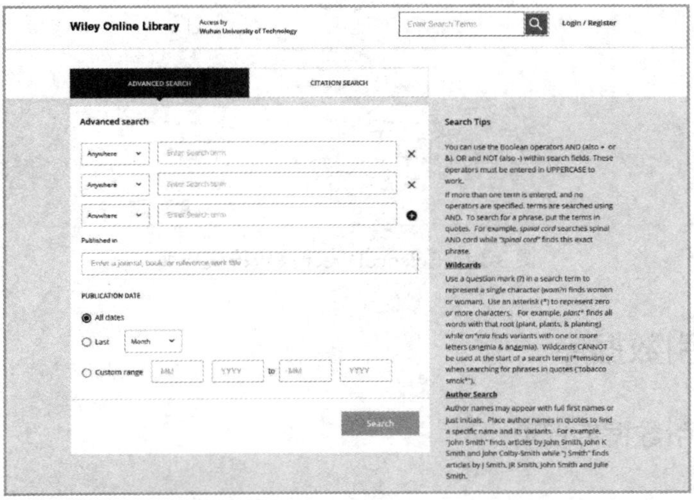

图 3-12　Wiley Online Library 的高级检索界面

（5）ScienceDirect

ScienceDirect（科学指引）是著名荷兰爱思唯尔（ELSEVIER）出版集团的网页式数据库搜索平台（网址：https://www.sciencedirect.com/），收录内容包括3800多种期刊，共计612000多期，电子书籍共计37000余本，所建立的数字档案馆可以追溯到1823年。ScienceDirect上的图书涵盖24个学科门类，例如生物化学、遗传和分子生物学、化学、临床医学、工程学和兽医学等。高校图书馆和研究机构向研究人员提供 ScienceDirect 的访问权限。研究人员、教师、学生、医疗和信息从业者均可利用 ScienceDirect 来增进其检索、发现、阅读、理解和分享学术研究的方法。ScienceDirect 的检索界面如图 3-13 所示，可以通过关键词、作者名字、期刊/书籍的题目等组合来进行检索，也可以点击检索按钮右边的"Advanced Search"进入到高级检索界面（图 3-14）。

图 3-13　ScienceDirect 检索界面

图 3-14　ScienceDirect 高级检索界面

3.2　文摘索引数据库

3.2.1　文摘索引数据库简介

（1）定义

文摘索引（abstract index）数据库是一种二次文献数据库，它将描述文献的关键信息（如书名、刊名、作者、关键词、主题词、序词、报告号、摘要等）提取出来，然后利用数据库技术，按照一定的原则和方法，将上述信息进行组织编排，提供尽可能多的检索途径，是报道、保存、检索多学科、多类型公开发表的学术文献的最有用的工具之一。

文摘索引数据库收录的索引条目一般由检索标识和存储地址组成。标识是索引条目所指示的文献信息某方面的特征，如主题词、著者姓名、分类号等；存储地址是指明标识所表达的特定信息在信息集合中的地址，它通常是文献存取号（文摘号）。

以下是两条索引条目示例：

① Leljak-Levanic, D.; Mrvkova, M.; Tureckova, V.; Pencik, A.; Rolcik, J.; Strnad, M.; Mihaljevic, S. Plant cell reports 2016, 35, 77.

② 耿雨蕙；董梦琦；唐京燕；周佳星；李学东，首都师范大学学报（自然科学版），2016, 51.

如英文索引条目①所示，它的组成为作者名、期刊名、发表年代、期号、起始页；中文索引条目②则由作者名、期刊名、发表年份、起始页构成。

（2）特点

① 文摘内容精简扼要。

② 提供文献全文的重要线索。

③ 信息量大，检索系统完备。

④ 检索模式多样，揭示文献信息深入、详细。

3.2.2 文摘索引数据库发展趋势及意义

（1）文摘索引数据库产生背景

以科学引文索引数据库为例，其产生与发展经历了以下几个阶段：

① 20 世纪 50 年代　Garfield Eugene 博士于 1955 年在《Science》发表论文提出将引文索引作为一种新的文献检索与分类工具，将一篇文献作为检索字段，从而跟踪一个研究课题的发展过程。

② 20 世纪 60 年代　美国《科学引文索引》（《Science Citation Index》，简称 SCI），由美国科学情报研究所（Institute for Scientific Information，ISI）编辑出版，1961 年创刊。

③ 20 世纪 80 年代　1988 年，ISI 推出了 SCI 光盘数据库，每月更新。

④ 20 世纪 90 年代末　1997 年又推出 SCI 网络版数据库，称为 Science Citation Index-Expanded（SCI-E），每周更新。

（2）文摘索引数据库意义及作用

① 查找某些观点和发现有没有被人提出。

② 跟踪某学科或某一技术的发展过程。

③ 以引用次数和持续时间进行科研成就的评估。

④ 更全面、准确的网络化学信息检索工具。

⑤ 简化科研论文写作程序，提高工作效率。

3.2.3 重要外文文摘索引数据库

科技部下属的"中国科学技术信息研究所"从 1987 年起，每年以国外四大检索工具 SCI、ISTP、EI、ISR 为数据源进行学术排行。由于 ISR（《科学评论索引》）收录的论文与 SCI 有较多重复，且收录我国的论文偏少，因此，自 1993 年起，不再把 ISR 作为论文的统计源。其中图书情报界常说的国外三大检索工具：EI（《the Engineering Index》《工程索引》）、SCI（《Science Citation Index》《科学引文索引》与 CPCI （原 ISTP）（《Conference Proceedings Citation Index》，《会议录文献引文索引》）。

注：原 ISTP《科技会议录索引》其英文全称为 Index to Scientific & Technical Proceedings，简称 ISTP 。

（1）EI

美国《The Engineering Index》（《工程索引》）是由美国工程信息公司（Engineering Information Inc.）出版的一套世界著名的文摘型检索工具。它创刊于 1884 年，是全世界最早的工程文摘来源。EI 只报道价值较大的工程技术论文，凡属纯基础理论或者专利文献则不做报道。其中化工和工艺类的期刊文献约占 15%、计算机与数据处理占 12%、应用物理占 11%、电子与电讯占 12%、土木工程占 6%、机械工程占 6%等。

EI 报道文献数量大，范围广。它是目前全球最全面的工程领域二次文献数据库，收录了 7000000 多篇论文的参考文献和摘要；收录了 50 多个国家 26 种文字的科技文献（英文占 50%以上），中国有 240 多种期刊被收录，除了期刊，还收录会议录，对图书、学位论文、科技报告等报道很少，它收录的期刊会议录有 5400 多种。

EI Compendex Web 是《工程索引》的 Internet 版本，它是一个综合型的工程技术文献文摘数据库，可以检索 1969 年以来的数据。

（2）SCI

美国《科学引文索引》（《Science Citation Index》），简称 SCI，由美国科学情报研究所（Institute for Scientific Information，ISI）编辑出版，是全球知名的科技文献检索工具，全球知名的引文索引数据库，于 1961 年创刊，1988 年，ISI 推出了 SCI 光盘数据库，每月更新。1997 年又推出 SCI 网络版数据库，称为 Science Citation Index-Expand（SCI-E），每周更新。引文索引数据库分为三个：Science Citation Index Expanded（SCI-Expanded）、Social Sciences Citation Index（SSCI）和 Arts & Humanities Citation Index （A&HCI）。

Science Citation Index Expanded 是针对科学期刊文献的多学科索引，为跨 150 个自然科学学科的 6650 多种主要期刊编制了全面索引，并包括从索引文章中收录的所有引用的参考文献。所涵盖的学科包括：化学、生物化学、材料科学、药理学、物理、植物学等。

（3）CPCI

美国《会议录文献引文索引》（《Conference Proceedings Citation Index》），简称 CPCI，原为美国《科技会议录索引》（《Index to Scientific & Technology Proceedings》），简称 ISTP，1978 年创刊，月刊，年报道量约 4000 个会议、论文约 14 万篇，有年度累积索引。CPCI 分为科技版 Conference Proceedings Citation Index-Science（CPCI-S）和社科版 Conference Proceedings Citation Index-Social Sciences & Humanities（CPCI-SSH）。

CPCI 包括多种学科的最重要会议、讨论会、研讨会、学术会、专题学术讨论会和大型会议的出版文献。使用 CPCI 数据库，可以在期刊文献尚未记载相关内容之前，跟踪特定学科领域内涌现出来的新概念和新研究。CPCI-S 覆盖所有科技领域的文献，包括农业和环境科学、生物化学和分子生物学、生物技术、医学、工程、计算机、化学和物理等学科。

3.2.4 Web of Science（SCI）数据库的介绍与使用

（1）Web of Science 概况

Web of Science 是 Clarivate Analytics 集团旗下全球领先的跨学科引文数据库，其中收录了 11000 多种世界权威的、高影响力的学术期刊及全球 110000 多个国际学术会议录，内容涵盖自然科学、工程技术、生物医学、社会科学、艺术与人文等领域。除了数据库进行文献检索之外，Web of Science 网页还提供了基于文献引文分析的数据统计平台，如 InCites、Journal Citation Reports 与 Essential Science Indicators（ESI）还提供了在线个人引文管理与科研信息管理服务，如 EndNote 与 Publon 服务。Web of Science 网页界面见图 3-15。

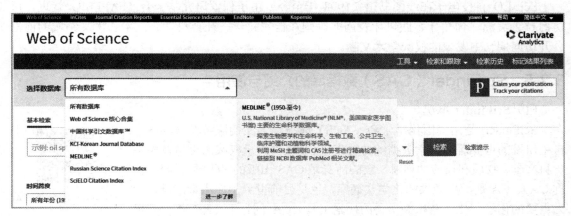

图 3-15　Web of Science 网页界面

（2）Web of Science 数据库内容

Web of Science 由多个子数据库构成，可进行跨库检索，其中包括 Web of Science 核心合集、中国科学引文数据库、KCI-Korean Journal Database、MEDLINE、Russian Science Citation Index、SciELO Citation Index 六大子数据库。

Web of Science 核心合集因其开创性内容、高质量数据以及悠久的历史在全球学术界有极高的声誉，其具体分支有：Science Citation Index Expanded（1992 年至今），Current Chemical Reactions（1986 年至今）（包括 Institut National de la Propriete Industrielle 化学结构数据，1840 年至今）以及 Index Chemicus（化合物索引数据库，1993 年至今），美国 National Library of Medicine（美国国家医学图书馆，NLM）的主要生命科学数据库。

MEDLINE 是由美国国立医学图书馆（The National Library of Medicine，NLM）生产的国际性综合生物医学信息书目数据库，是当前国际上最权威的生物医学文献数据库之一。内容包括美国《医学索引》（《Index Medicus》，IM）的全部内容和《牙科文献索引》（《Index to Dental Literature》）、《国际护理索引》（《International Nursing Index》）的部分内容，涵盖生物医学与生命科学、生物工程学、公共卫生、临床护理以及植物和动物科学等领域。可使用医学主题（MesH）词表和 CAS 注册号进行精确检索，可连接到 NCBI 数据库与 PubMed 相关论文，文献回溯至 1950 年。

中国科学引文数据库（Chinese Science Citation Database，简称 CSCD），创建于 1989 年，收录我国数学、物理、化学、天文学、地学、生物学、农林科学、医药卫生、工程技术和环境科学等领域出版的中英文科技核心期刊和优秀期刊千余种。目前已积累从 1989 年到现在的论文记录 4818977 条，引文记录 60854096 条。

KCI 韩国期刊数据库（1980 年至今）由韩国国家研究基金会（National Research Foundation of Korea）管理，对 KCI 所包含的多学科期刊中的文章提供访问，其中包含了在韩国出版的学术文献的题录信息。

Russian Science Citation Index，即俄罗斯科学引文索引（2005 年至今），由俄罗斯最大的科研信息提供方 Scientific Electronic Library（eLIBRARY.RU）精心挑选，收录超过 500 份科学、技术、医学以及教育领域期刊中由俄罗斯科研人员编写的学术论文的题录信息以及引用情况。

SciELO 科技电子在线图书馆（1998 年至今）由圣保罗研究基金会（FAPESP）管理，可访问拉丁美洲、葡萄牙、西班牙及南非等国在自然科学、社会科学、艺术和人文领域的前沿公开访问期刊中发表的权威学术文献。

3.2.5 SciFinder（CAS）数据库的介绍与使用

（1）SciFinder 概况

SciFinder 是由美国化学学会（ACS）旗下化学文摘服务社（CAS）自主研发的世界著名化学数据综合检索平台，提供大量权威的化学及相关学科文献、物质和反应的信息。它的前身是 CAS 出版的《化学文摘》（简称 CA）。CA 是世界最大的化学文摘库，也是目前世界上应用最广泛，最为重要的化学、化工及相关学科的检索工具。CA 创刊于 1907 年，其报

SciFinder 简介与注册

道内容几乎涉及了化学家感兴趣的所有领域，1995 年 CAS 推出了 SciFinder 联机检索数据库，2009 年推出了基于网页形式的数据库一站式搜索平台 SciFinder web。经过多年发展，SciFinder 整合了全球 200 多个国家和地区的 60 多种语言的 1 万多份期刊，内容丰富全面，使用者能通过研究主题、化学分子式、结构式和反应式等多种方式进行检索。

（2）SciFinder 内容

SciFinder 与一般数据库不同的是除了文献检索外，它还同时提供物质与化学反应检索，涵盖了 CAPlus、MEDLINE、CAS Registry、CHEMLIST、CHEMCATS 与 CASREACT 等重要子数据库。具体分类如下：

① 文摘数据库 包含 CAplus 与 MEDLINE 数据库；CAplus 覆盖化学相关众多学科领域的多种参考文献与专利文献；MEDLINE 为美国国立医学图书馆（NLM）建立的生命科学、医学信息数据库，为免费数据库。

② 物质数据库 包含 CAS Registry、CHEMLIST 和 CHEMCATS 数据库，是关于化学物质的重要数据库。CAS Registry 世界上最大的物质数据库，收集了各种有机、无机物质、基因序列、蛋白、高分子与化合物专利 Markush 结构；CHEMLIST 查询备案/管控化学信息的工具，收集全球主要市场管制化学品信息；CHEMCATS 收集各种化学品的商业信息，包括价格、质量等级、供应商信息。

③ 化学反应数据库 CASREACT 反应信息数据库。收集了 1840 年至今的各种有机合成反应、金属有机反应、天然产物合成与生物转化反应信息。其中收录了包括专利、文献期刊上的一步、多步反应，各种反应条件、反应步骤，反应催化剂、反应溶剂与产率以及商品化试剂来源信息。

（3）SciFinder 注册

SciFinder 覆盖的内容涉及多个化学相关科研领域，如有机化学、无机化学、物理化学、分析化学、高分子科学、材料科学、应用化学、化工、生物化学、化学生物学等，涉及范围非常广泛，资源极其丰富全面，为化学工作者提供了较大的便利，能够使我们的研究过程更有效率，更有创意。那么如何使用 SciFinder 这个研究利器呢？

SciFinder 检索界面

接下来介绍如何注册使用。SciFinder 是以互联网的用户形式注册的，它要求用户通过注册建立自己的 SciFinder 用户名和密码。SciFinder 的注册，仅适合高等院校和中科院用户，以武汉理工大学学生为例，注册的步骤具体如下：

① 从学校指定的 IP 地址访问图书馆网页 首先连接武汉理工大学校园网，进入数字图书馆网页，在资源推荐栏目中点击"SciFinder 数据库"，在出现的网页上可找到，访问用户注册网页链接（图 3-16），点击该注册链接，打开注册网页，单击"Next"，点击"accept"接受协议。

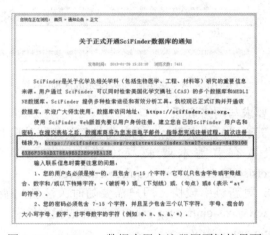

图 3-16　SciFinder 数据库用户注册网页链接界面

② 在注册信息上输入联系信息（图 3-17） 打星号的项目必填。输入姓名和邮箱地址，这里注意：注册 SciFinder 须用带.edu.cn 域名的邮箱地址，qq 和 hotmail 等公共信箱不能用于注册。

图 3-17　Scifinder 注册界面

③ 设置用户名和密码　这里注意密码设置，密码必须包含7~15个字符，并且至少包含三个以下字符：混合的大小写字母、数字、非字母数字的字符（例如@、#、%、&、*）。

④ 从下拉列表中选择一个密码安全问题并给出答案　单击"Register"。系统消息显示，CAS将发送确认邮件至用户在表格中提供的邮件地址。如用学校邮箱注册，请注意查收垃圾邮箱。

⑤ 找到并打开CAS的电子邮件，阅读并接受SciFinder的使用条款，点击邮件内的链接完成注册过程（图3-18）。系统显示注册成功确认页面。

图3-18　点击邮件链接完成注册

（4）SciFinder使用要求与网络资源

SciFinder是基于网页形式的检索平台，为取得较好的用户体验与网络安全保障，对用户系统浏览器型号与设置有着基本要求，其具体详细信息可从以下网址获取：https://www.cas.org/products/scifinder/system-requirements-web。

由于SciFinder Web更新频率较快，用户需要随时关注新功能的发布，可以直接访问www.cas.org，或是登陆www.cas-china.org，获得新功能的相关信息。SciFinder网络在线资源平台：http://www.cas-china.org/（中文）。

（5）SciFinder检索界面简介

SciFinder数据库提供文献检索、化学物质检索与反应检索。第一次进入SciFinder出现的网页。即在检索Explore选项中的文献REFERENCES检索中的研究主题Research topic检索界面（图3-19）。可通过在检索框中输入研究主题来检索相应的文献。但需要注意的两点是：①SciFinder只能搜索英文文献，界面语言也是英文；②SciFinder数据库和大多数据库不同，它不支持逻辑运算符，如"逻辑与"（and）和"逻辑或"（or）的应用。因此，在主题检索时，需要用"of""with"等介词将列出的关键词连接起来进行检索，如以"植物激素分析"为研究主题搜索文献，那么可在检索框中输入相应的英文如"the analysis of phytohormone"，如果输入"phytohormone and analysis"将会显示不同的结果。

SciFinder文献检索

通过左边菜单栏高亮，可以看到网页默认的检索状态为"REFENRENCES"（文献检索）的"Research Topic"（主题检索）。如果点击左边导航栏中的各种检索选项，如作者名（author name）、单位名（company name）、化学结构（chemical structure）、化学反应（reaction structure）等，即可快速切换检索模式。

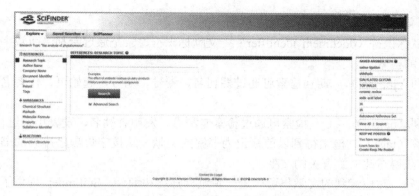

图 3-19　SciFinder 文献检索界面

（6）研究主题检索

想检索某研究课题，请在检索框中输入代表课题的词语。SciFinder 将检索出在标题或摘要中包含同义词的文献，在产生答案集之前，SciFinder 组合一系列候选答案，点击选择含有输入概念的文献，且这些概念彼此紧密联系，典型性地出现在统一句子或标题中。

点击"Get References"获取文献，答案集被显示在文献界面（图 3-20）。SciFinder 会高亮显示符合检索条件的字词。需根据引用文献数给文献排序，请点击"Sort by"选择相关排序的下拉箭头，点击"Citing References"引用文献，含有最高被引频次的文献出现在最前面。引用文献数出现在页面的右边。可通过点击图标获取引用文献。点击"Quick View"快速浏览，则不需要离开当前页面就能预览任一文献信息，点击文献标题可浏览文献详细信息，完整的摘要及题录信息显示在文献详细信息界面，请点击滚动条滚动显示，可贴上自己描述性词语作为书签（Edit Tags），将来用词书签检索此文献。使用 Tags 书签检索获取用同样书签标记的文献，也可以给此文献加上评语（Comments），点击"Return"返回到完整的答案集。这样就完成了研究主题实例检索。

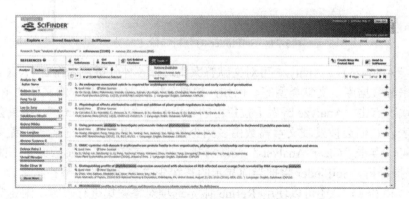

图 3-20　研究主题检索界面

（7）文献检索其他方式

① 作者名检索（author name）　检索得到某一作者所发表的文献，为了得到最多数量的候选文献，需激活"look for alternate spellings of the last name"查找姓的其他拼写选项。

② 单位名称（company name）　该检索将得到由某公司、大学或

SciFinder 检索结果加工

机关发表的文献，输入公司名称或其名称的一部分。

③ 文献标识符（document identifier）　文献标识符检索是通过专利号或数字文献标识符 DOI 等进行的检索。

④ 期刊（journal）　期刊检索可通过期刊名、卷号、期号、起始页、作者名等信息快速定位文献。

⑤ 专利（patent）　专利检索可通过检索专利号、发明者姓名、发表年份进行检索。

⑥ 书签（tags）　检索得到以前标记为书签的文献，从按字母顺序排列的书签表中点击任意书签，获得与此书签有关的文献。

除此之外，对检索到的文献集可以进一步进行筛选和细分，SciFinder 提供了分析、限定与分类三种文献筛选功能，如图 3-21 所示。

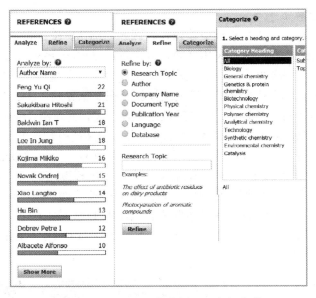

图 3-21　SciFinder 的分析、限定与分类

a. 分析（Analyze）　Analyze 可对文献答案集进行各种分析，如作者名、CAS 登记号、出版单位、来源数据库、文献类型等。例如，想要分析当前答案集中的文献的主要作者有谁，可在分析条块下点击"Analyze by"下拉栏中的分析选项"Author Name"，结果会显示文献的通讯作者列表，它们会按发表文章篇数由多到少排列。要想单独浏览某一作者文献，请点击此作者名即可，点击"Clear Analysis"清除分析，回到完整答案集显示页面；如点击"Keep Analysis"保持分析，SciFinder 将把当前显示的答案变成一套新的完整答案集。

b. 限定（Refine）　还可以使用 Refine 限定选项对答案集进行限定，限定类型有研究主题、作者名、作者单位、文献类型、出版年份、文献来源数据库等。点击"Refine"条块，选择限定类型，比如点击"Document Type"文献类型，可勾选上感兴趣的文献类型，比如 Review 综述类，然后点击"Refine"，结果将只显示答案集种文献类型为综述的集合，其他文献类型的都将被排除。

c. 分类（Categorize）　Categorize 分类收集所有在答案集中与文献有关的索引标题，然后将这些索引标题排在预先定义的学科分类标题中。因此，可进行感兴趣学科、学科相关研究方向以及索引词等的多级选择，以便更精准地找到目标文献，选定后点击"OK"精简当前答案集，或者简单记下关键索引词留作以后检索。

d. 提醒（Keep Me Posted） 当对结果满意时，可创建一个 Keep Me Posted（KMP）及时更新提醒功能，此功能将会自动定时帮你检索最新结果。KMP 及时更新提醒功能将以前检索过的查询按月或周定时自动为用户检索新的结果。

（8）化学结构检索

物质检索是指通过某一物质的化学结构（Chemical Structure）进行检索，在网页提供的绘图工具中绘制出该物质的结构式，可以获得感兴趣的化学结构的物质，以及与其有关的文献信息，包括物理化学性质以及化学产品供应商等。

① 结构编辑器（Structure Editor） 该界面提供输入化合物结构与检索类型 Search Type 的设定；输入化合物结构可通过点击结构编辑器 Structure Editor 窗口或导入 CXF 结构文档这两种方式进行；检索类型设定中：检索与查询结果完全匹配的物质为 Exact Structure 精确结构；检索具有查询结构作为子结构化合物的为 Substructure 子结构检索；检索与查询结构类似的化合物为 Similarity 相似结构检索。

② 马库什检索（Markush） 马库什检索类似于结构编辑器检索，但马库什检索着重查找与查询结构相匹配的专利，检索结果是一系列专利文献。

③ 分子式检索（Molecular Formula） 在检索框中输入分子简式，将得到和输入内容相符的各种可能物质结构式列表以及相应的 CAS 登记号、英文名称、主要物理性质 Key Physical Properties（包括分子量、熔沸点、密度等）、化合物管控信息 Regulatory Information、谱图 Spectra 以及各种实验性质 Experimental Properties 等；可以点击相应超链接，进一步查看想要获取的内容信息。

④ 物质标识符（Substance Identifier） 检索得到与被输入的 CAS 登记号或者化合物的全称（包括俗名、商品名或缩写）都可以相匹配的物质，能一次性输入多达 25 个词，每个词用换行键隔开。

（9）化学反应检索

化学反应检索是 SciFinder 数据库最具特色的检索方法之一，可得到与想要的反应物、试剂或产物相匹配的化学反应信息。可使用 Structure Editor 结构编辑器画出该查询反应，通过设定某物质在化学反应中承担的角色（反应物、产物等），从而进一步缩小检索结果，排除不相关文献，大大减轻文献查找和阅读的压力。

（10）反应路线设计（SciPlanner）

SciPlanner 是个特定的工作区域，可以让用户用一种更加直接的方式去组织、管理检索结果。文献、物质、反应信息都可以传送到 SciPlanner 并在其中进行自由组织，增强可视化效果，还可用于逆合成路线的制定。

3.2.6 X-MOL 知识平台

X-MOL 知识平台（http://www.x-mol.com）是化学、生命科学、医学、物理和其他领域的专业门户（图 3-22），一共收录有 400 种相关领域的重要期刊，从多个数据来源获得的标题、摘要和主图等数据，方便快速浏览。它提供每日更新的最新科研进展点评、期刊图文摘要个性化定制浏览、文献搜索直达全文等功能。除此以外还提供专业问答、全球导师介绍、求职信息以及化学试剂的采购和比价功能。平台由创立于北大科技园的北京衮雪科技有限公司创办并运营。不再需要一个个地访问每个期刊的网站,更不用忍受时快时慢的网页加载速度。通过浏览该网站便可以了解关心的研究领域的科研动态,订阅想阅读的科研期刊进行一站式的浏览,同时 X-MOL 平台也提供了手机版的官方 APP、手机版网页和微信的公众号,进一步方便了科研信息的获取。电脑端与手机端的数据可以无缝转换,极大方便了对最新科研动态的追踪和掌控。X-MOL 对文献的管理也十分方便,兼容主流文献管理工具,可以方便地收藏自己感兴趣的文章,在 X-MOL 进行分组管理,并能导出成 EndNote、NoteExpress 等软件接收的文件格式。不管使用哪种文献管理工具,都可以无缝衔接。

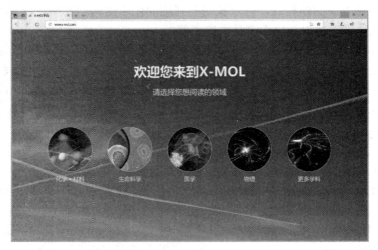

图 3-22　X-MOL 平台主页

X-MOL 平台基本包含了化学、生命科学、医学、物理等研究领域的所有正在出版的期刊,其化学·材料领域的页面如图 3-23 所示。它将化学·材料领域的期刊划分为如下的类别:热门|综合|有机|催化|药化|材料|纳米|能源|无机|环境|生化|分析|物化|化工|计算|其他。在页面的右上角有登录入口,用户可以通过手机号码或者电子邮箱的方式免费注册,也可以通过 QQ、微博或微信的账号直接登录(图 3-24)。

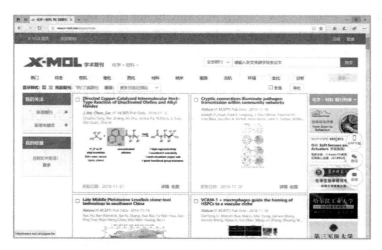

图 3-23　X-MOL 平台化学和材料版块页面

图 3-24　X-MOL 平台的登录页面

（1）学术期刊

① 期刊订阅　登录以后可以在"我的学术"版块中的"期刊订阅"模块选择自己感兴趣的期刊，这样在进行期刊浏览的时候它们会出现在"我的关注"中。用户也可以直接点击图 3-25 中页面左边"我的关注"中的"期刊"模块进行管理。主页会不断更新这些期刊上发表的最新学术论文的摘要，方便文章的检索和浏览，十分有助于用户了解目前的科研进展。当在图 3-25 中所示的页面中的"我的关注"模块选择"All"时，页面的右方以摘要或图形摘要的形式在图文框内显示所关注的各种期刊上发表的文章，当文章还未被点击查阅时图文框的边框为蓝色。排序的方式可以在页面的上方选择"更新日由近到远"或者"Pub Date 由近到远"。点击相应的论文摘要的标题将直接进入到论文所在电子期刊，已经点击阅读的文章其图文框的边框将变为灰色。点击图 3-25 中文章标题前的方框，然后点击页面右上方的"导出"按钮，可以将相应的文章以"Reference Manager（RIS）"或者"BibTeX"的格式存为主流文献管理工具可以识别的格式。点击文章摘要下方的"详情"将显示更多的信息，包括数字对象唯一标识符（DOI）等。点击文章摘要下方的"收藏"可以把它保存到用户账号的"我的收藏"栏中用于后期的查询，也可以按照自己的习惯进行分组管理，系统也会按照期刊进行自动分组。

图 3-25　所关注的期刊图文摘要个性化定制浏览

② 关键词/作者订阅　登录以后还可以在"我的学术"版块中的"关键词/作者"模块选择自己感兴趣的研究主题和相关作者，主页会不断更新与这些主题或作者相关的最新发表的

论文（包含所关注的与未关注的期刊）的摘要。作者的设定有一个小窍门，即可以设定关联的同义词。关键词是作者名"Carolyn R. Bertozzi"，如果把"Carolyn Bertozzi"和"CR Bertozzi"设定成关联的同义词，当点击"Carolyn R. Bertozzi"这个关键词的时候，系统会把作者中包含"Carolyn R. Bertozzi""Carolyn R. Bertozzi"和"CR Bertozzi"的论文都展示出来，提高查全率，减少遗漏。图3-26以显示了Carolyn R. Bertozzi 教授发表的论文的情况，所列出的文章也包括了未关注的期刊，这样就极大地方便了用户关注某位特定科研工作者的最新研究成果。非作者名的关键词可以做类似的处理。如关键词"click chemistry"可以选择"click reaction"作为关联的同义词，这样也能够提高查全率，减少遗漏（图3-27）。

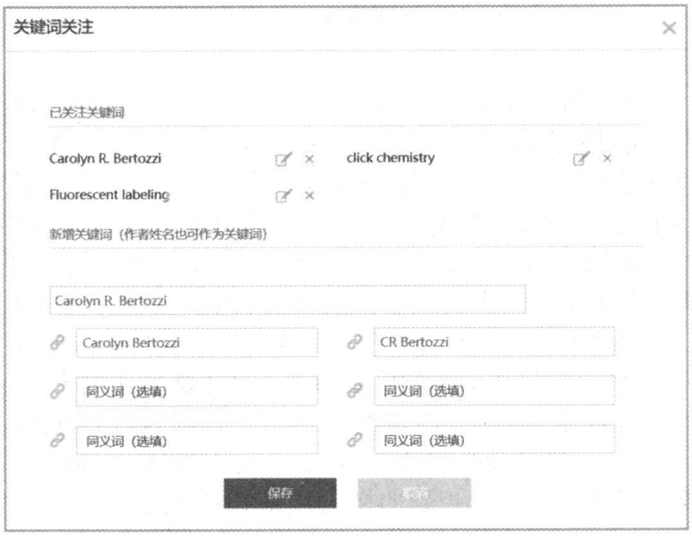

图 3-26　关键词中作者名关联同义词示例

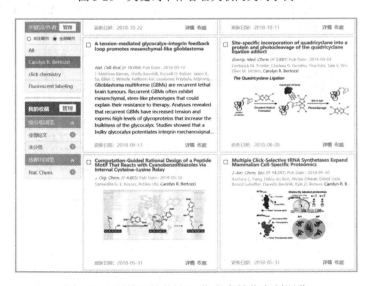

图 3-27　所关注的关键词/作者个性化定制浏览

③ 定制化展示——"我的收藏"　如前所述，浏览时看到好的论文可以收藏，还可以为收藏的论文添加到不同分组以方便管理。如果一开始没有分组，则可以在左侧菜单里找到管

理"我的收藏"按钮，点击即可设置（图 3-28）。

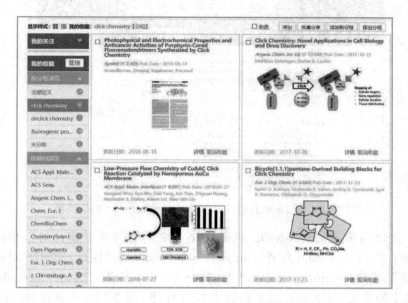

图 3-28　定制化展示——"我的收藏"

④　"文献直达"功能　X-MOL 的这个功能可以让用户借助参考文献信息（文献的 DOI、期刊名称缩写、卷期页码等）快速找到原文（图 3-29）。如当知道某一篇科技文章的 DOI 号是 10.1038/NCHEM.2601 时，可以将其输入到图 3-29 中的搜索框并点击右边的搜索图标，X-MOL 系统将检索到该文章并显示文章已经找到（图 3-30），页面随后也跳转到其所在的电子期刊的页面（图 3-31）。类似地，当使用"期刊名""年""卷""页码"作为关键词在文献直达的检索框中进行检索时，如果输入的信息正确，X-MOL 系统也能够找到对应的文章所在的电子期刊的页面。

图 3-29　文献直达功能

图 3-30　文献直达搜索结果提示

图 3-31　通过文献直达功能用 DOI 号检索到的文献的页面

⑤ 化学文献高级查询　X-MOL 也提供化学文献的高级查询，可以根据标题/摘要（Title/Abstract）、期刊（Journal）、作者（Author）、年份（Year）进行检索。例如以"click chemistry"为"标题/摘要"，查询"Bertozzi, Carolyn"于 2000～2018 年发表在 J. Am. Chem. Soc.和 Angew. Chem. Int. Ed.上的论文（图 3-32），总共得到了 13 个结果（图 3-33）。检索结果可以按照图 3-33 中的"发表日由近到远"排序，也可以按照"匹配度由高到低"排序。点击检索结果中的文献的标题将进入 X-MOL 关于该文章的详细介绍，而点击 DOI 号时将直接跳转到该文献所在的电子期刊的相应页面。也可以在检索结果中选择要导出的文章，方法是点击文章标题前面的小方框，这样可以将其导出成 EndNote、NoteExpress 等软件接收的文件格式，方便后期的文献管理。也可以在图 3-33 所示的页面中进行进一步修改，如可以去掉作者的限制，这样可以得到所有于 2000～2018 年发表在 J. Am. Chem. Soc.和 Angew. Chem. Int. Ed.上的与"click chemistry"有关的论文（图 3-34）。以此类推，也可以其他检索条件进行改变和限定，以得到所要查询的文献。总而言之，X-MOL 平台能够为用户提供强大的文献检索支持。

图 3-32　X-MOL 化学文献高级查询示例

（2）行业资讯

X-MOL 平台的行业资讯版块（http://www.x-mol.com/news/index）提供包括化学、生命科学、医学、物理和其他研究领域的科研动态。对于想轻松了解行业进展的用户来说是一个很好的工具。图 3-35 展示了当前各研究领域最热门的科研动态，平台将一些近期的研究亮点以中文的形式介绍给大家，十分方便用户对相关行业资讯的了解和掌握。用户也可以检索自己感兴趣的研究，方法是在图 3-35 所示页面的右上方的搜索对话框中输入相应的关键词。图 3-36

是输入"点击化学"这个关键词后检索到的页面,上面包括对"点击化学"的介绍,以及它在各个研究领域的应用进展,如激酶活性低成本快速检测、聚合物的精确构建、HIF-PHD2 抑制剂的高效便捷的筛选等。用户可以点击每则行业资讯,页面将跳转到该行业资讯的详细介绍。如图 3-37 所示的页面为"《Nature Chem.》:使用"点击化学"策略精确构建聚合物"这则行业资讯的详细报道。可以点击该页面的右下方的"收藏"按钮将其保存于"我的收藏"中(图 3-38),方便后期对相关资讯的阅读。也可以通过分享功能将资讯分享到微博、微信等,有助于科学研究的交流。

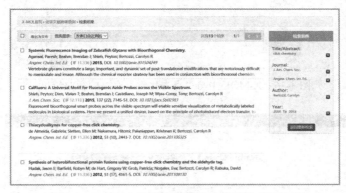

图 3-33　X-MOL 化学文献高级查询检索结果示例

图 3-34　X-MOL 化学文献高级查询检索结果示例(去掉作者限定)

图 3-35　X-MOL 行业资讯版块

图 3-36　X-MOL 中与"点击化学"有关的行业资讯

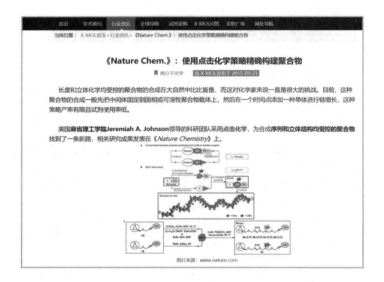

图 3-37　"《Nature Chem.》：使用点击化学策略精确构建聚合物"这则行业资讯的详细报道

图 3-38　X-MOL 中与"点击化学"有关的行业资讯

(3)全球导师

X-MOL 平台的全球导师数据库也是其非常有特色的一个组成部分,目前已收录两万余名来自全球数百家科研机构的化学、生物、医药、材料等领域导师的信息,并且还在持续更新中。用户可以通过智能手机、平板设备和计算机来浏览,并可通过姓名、机构、研究领域和国家进行查询,更能收藏导师。其主页面(www.x-mol.com/university/index)如图 3-39 所示。

图 3-39　X-MOL 全球导师介绍版块

全球导师模块分为国内导师和海外导师,分列的标准是导师所在科研机构的国家。用户可在机构列表中浏览导师,也可以在屏幕上方的搜索框进行检索。图 3-40 展示的是海外导师所在研究机构的列表。点击进入某一机构后,左侧为该机构的院系列表,右侧为导师列表(图 3-41)。点击某一导师,如 Carolyn R. Bertozzi 教授,进入导师页面:可以查看导师的联系方式、研究领域以及近期论文(所有信息均来自相关机构的官方网站),也可点击图示箭头收藏导师(图 3-42)。收藏的导师可以在"我的学术"—"导师收藏"中查看(图 3-43)。

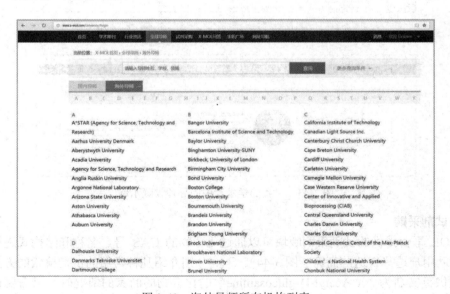

图 3-40　海外导师所在机构列表

图 3-41　海外导师所在机构及导师列表（以斯坦福大学化学系为例）

图 3-42　斯坦福大学 Carolyn R. Bertozzi 教授介绍

图 3-43　"我的学术"中的导师收藏示例

（4）试剂采购

X-MOL 平台提供的试剂采购版块可以通过化合物的 CAS 号、名称和结构式进行试剂的比较，帮助用户选择合适的商家（图 3-44）。下面分别介绍几种常用的试剂检索的方法。当需要查询提供英文名为"*N*-Acetyl-D-glucosamine"的化合物的商家的情况时，只需要在对话框中输入"N-Acetyl-D-glucosamine"并点击查询按钮,系统就会显示哪些商家提供含有此英文名的化合物以及其相关信息(图 3-45)。从图中可以看出,含有"N-Acetyl-D-glucosamine"英文名的还包括"N-Acetyl-D-glucosamine 6-Sulfate Sodium Salt",因此使用化合物的 CAS 号进行检索更加精确一些,提供的信息包括公司名、产品的纯度、价格等,还可以点击"查看更多供应商"以了解其他能提供本产品的商家的情况,用户可以根据实际需要选择合适的提供商。如果用"N-Acetyl-D-glucosamine"的 CAS 号 7512-17-6 进行检索时,将得到唯一的产品信息如图 3-46 所示,包括化合物的中英文名称、分子式、分子量、结构式,以及供应商、纯度、品牌、价格、包装、发货期等。用户可以点击结构式方框下面的"收藏化合物"来保存此化合物的相关信息,这样在用户的"我的试剂/我的收藏"中会保存该化合物的相关信息(图3-47)。也可以点击"物性数据"来显示其沸点、闪点、存储条件、危险等级描述、安全性描述、监管条件代码、熔点、蒸气压、密度等信息(图 3-48)。

图 3-44　X-MOL 平台的试剂采购版块

图 3-45　含有"N-Acetyl-D-glucosamine"英文名的产品信息

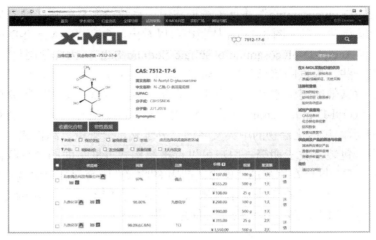

图 3-46　通过 CAS 号 7512-17-6 查询到的产品信息

图 3-47　我的试剂/我的收藏中保存的化合物示例

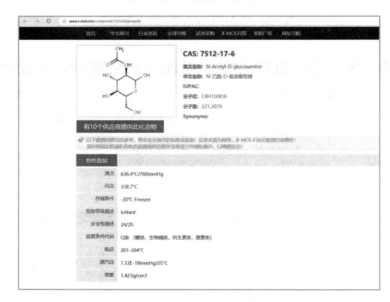

图 3-48　CAS 号为 7512-17-6 的化合物的物性数据

X-MOL 平台的试剂采购版块另外一个重要而强大的试剂搜索方法是基于结构式的，结构搜索的类型又可以细分为精确匹配、子结构、相似度等。图 3-49 显示的是含有 7-羟基香豆素子结构的试剂的检索情况，可以利用网页提供的功能在检索区域中画出子结构。点击搜索时页面将跳转到提供含有该子结构的试剂的供应商，以及化合物的相关信息（图 3-50）。如果选择精确匹配进行检索时，得到的结果将仅含有结构与检索条件完全一样的化合物。用户可以根据实际需要来选择查询的条件。

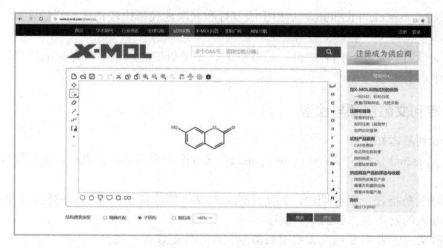

图 3-49　含有 7-羟基香豆素的子结构检索

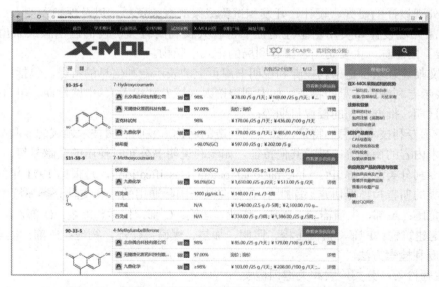

图 3-50　含有 7-羟基香豆素的子结构检索得到的商品信息

（5）其他版块

X-MOL 除了前面介绍的学术期刊、行业资讯、全球导师、试剂采购版块以外，还提供了 X-MOL 问答、求职广场和网址导航版块。X-MOL 问答版块方便了用户之间的学术交流，可以在版块里面提出自己关于学术方面的相关问题，也可以回答相关问题。求职广场版块提供了学术界和工业界的一些相关工作机会，包括职位和宣讲会的信息。网址导航版块提供了包括文献检索、出版集团、基金项目、出国留学、数据库、著名期刊、学术工具、试剂采购、科研软件、科研新闻、机构组织、在线计算等相关网址的链接，方便用户根据需要进行浏览和查询。

3.3 特种文献数据库

特种文献（special literature）是指出版发行和获取途径都比较特殊的科技文献，一般包括专利文献、学位论文、会议文献等。

特种文献特色鲜明、内容广泛、数量庞大、参考价值高，是非常重要的信息源，在化学文献检索中占有重要地位。

3.3.1 专利文献资源与检索

（1）专利基本知识

专利（patent）是由"Royal Letters patent"一词演变而成的，在现代，受法律保护的发明就称专利。

专利制度是指在一定时期内，为防止他人对某人明确提出的新发明的侵犯，政府机关用法律保护某人的发明独占权的一种制度。

专利种类：①发明专利；②实用新型专利；③外观设计专利。

专利文献包括专利说明书和专利公报，包括已经申请或被确认为发现、发明、实用新型和工业品外观设计的研究、设计、开发和试验成果的有关资料，以及保护发明人、专利所有人及工业品外观设计和实用新型注册证书持有人权利的有关资料的已出版或未出版的文件（或其摘要）的总称，主要是指各国专利局的正式出版物。

专利文献著录项目是指刊在专利说明书扉页上的表示专利信息的特征，包括：

① 表示专利法律信息的特征，如专利申请人（或专利权人）、申请日期、申请公开日期、审查公告日期、批准专利的授权日期等；

② 表示专利技术信息的特征，如发明创造的名称、发明所属技术领域的专利分类号、发明创造技术内容的摘要等；以及其他特征，如专利说明书公布时使用的文献号等。

国际专利分类法又称 IPC（international patent classification），是根据 1971 年签订的《国际专利分类的斯特拉斯堡协定》编制的，是目前唯一国际通用的专利文献分类和检索工具。IPC 涉及技术范围：A 部，生活需要；B 部，作业、运输；C 部，化学、冶金；D 部，纺织、造纸；E 部，固定建筑物；F 部，机械工程、照明、加热、爆破；G 部，物理；H 部，电学。

（2）专利检索方法

① 主题检索：分类检索和关键词检索。
② 名字检索：发明人、专利申请人、专利权人、专利受让人。
③ 号码检索：申请号、优先权检索、专利号检索等。
④ 组配检索：跨字段进行逻辑组配（与、或、非）各国专利数据库。

（3）专利检索资源

中华人民共和国国家知识产权局 http://www.sipo.gov.cn/sipo/；中国知识产权网 http://www.cnipr.com/；美国专利检索数据 http://www.uspto.gov/patft/index.html；欧洲专利检索

数据库 http://ep.espacenet.com/；世界知识产权组织网站数据库 http://www.wipo.int/。

3.3.2 学位论文资源与检索

学位论文数据库即收录博硕士论文全文的数据库。ProQuest 公司是世界上最早及最大的博硕士论文收藏和供应商。

ProQuest Digital Dissertation（简称 PQDD）收集有 160 万篇国外高校的优秀博硕士论文的文摘和索引，其中 100 万篇有全文。它收录了欧美国家 1000 余所大学的 230 多万篇学位论文，是世界上最广泛使用的学位论文数据库，收录全文期刊 800 余种，内容包括理学、水产渔业、动物科学、农业经济、农作物管理、食品与营养、地球及环境科学等。

《中国学位论文文摘数据库》是由国家法定学位论文收藏机构中国科技信息研究所提供，收录了自 1977 年以来我国各学科领域的博士、硕士研究生论文。《中国学位论文全文数据库》精选相关单位近几年来的博硕士论文，涵盖自然科学、数理化、天文、地球、生物、医药、卫生、工业技术、航空、环境、社会科学、人文地理等各学科领域。

3.3.3 化学事实数据库

（1）化学事实数据库的定义和作用

事实数据库（factual database）是一种存放某种具体事实、知识数据的信息集合。它包括各种化合物物理化学性质（如有机和无机化合物的热化学性）、化合物粒子能量、各种谱图（如化合物红外光谱、质谱、核磁共振谱）、化学物质毒性等。事实数据库特色鲜明、内容广泛、数量庞大、参考价值高，是非常重要的信息源。

（2）化学事实数据库基本检索方式

① 关键字检索：利用化合物名称或 CAS 登记号检索。

② 结构式检索：利用化合物结构检索，如精确结构检索、子结构检索与化学反应检索。

③ 联合检索（关键字与结构式）。

（3）重要事实数据库资源简介

① NIST Chemistry WebBook　NIST Chemistry WebBook 是美国国家标准与技术研究所（NIST）的标准参考数据库（Standard Reference Data）中的化学部分，该站点被认为是网上著名的免费物性化学数据库，网址为：http://webbook.nist.gov/chemistry。它包括 4000 多种有机和无机化合物的热化学性质，1300 多个反应的反应热，5000 多种化合物红外光谱，8000 多种化合物的质谱，12000 多种化合物粒子能量数据。

搜索方式：可通过名称、分子式、CAS 登记号、分子量、电离能或光子亲和力来查找化合物的各类数据。

② CRC 在线化学物理手册　CRC 在线化学物理手册又称 CRC handbook，是 Taylor & Francis 旗下著名品牌，CRC 化学物理手册是 CRC Press 的标志性产品，是最广为人知和最广泛认可的化学参考书，提供最为准确、可靠和最新的化学物理数据资源，一直是全世界化学家、物理学家和工程师们不可替代的工具书。它包括 3000 多种无机化合物性质，10000 多种有机化合物的物理常数、热化学性质、化学物质的标准热力学性质表，包括标准摩尔生成焓、标准摩尔吉布斯能、标准摩尔熵和定压摩尔热容，水的一些性质，无机物测定用有机分析试剂、指示剂，电动势序列，酸和碱的解离常数，水溶液的性质，有机化合物在水溶液中的溶解度和亨利定律常数等（网址：http://www.hbcpnetbase.com）。

搜索方式：关键词检索。

③ Reaxys 数据库　Reaxys 数据库为爱思唯尔集团所有，它的前身是 Beilstein 数据库和 Gmelin 数据库，整合之后又收录摘取了 16000 本全球各大出版集团的化学相关核心期刊，七大专利局化学、药学相关专利以及 10000 本相关著作的核心内容。Reaxys 数据库覆盖无机化学、有机化学、分析化学、物理化学、材料化学、电化学、药物化学等 16 大化学相关学科。Reaxys 数据库收录了自 1771 年以来化学结构相关的化学、物理性质，化学反应相关的各种数据，详细的药理学，环境病毒学，生态学等信息来源，可以供化学反应检索，化学物质与化学性质检索以及相关文献检索。

④ Chemspider 数据库　Chemspider 数据库为英国皇家化学学会 RSC 于 2009 年收购，是世界著名化学结构的数据库。Chemspider 是一个免费数据库，收录了 250 多个数据源中的 70000000 多个化合物结构以及相关化合物文献、物理性质、谱图数据以及化学品供应信息。该数据库提供的检索方式有化学名检索，如名称检索、同义词检索、商品名检索以及数据索引号检索。Chemspider 数据库还可提供化学结构检索，输入结构方式有在线绘制化学结构和输入化学结构文件等。

小结：本章学习了重要化学数据库定义与分类；了解了三大类型数据库，即全文文献数据库、文摘索引数据库与特种文献数据库，以及其中重要代表性数据库及其收录内容；重点介绍了重要全文数据库，如中国知网数据库；介绍了重要文摘数据库及其主要检索方法；学习了特种文献的定义、分类、作用及特点，特种文献搜索的基本方式，重要特种文献数据库；学习了事实数据库的定义、内容及特点，事实数据库搜索的基本方式，几个重要化学事实数据库。

思考题

1. 常用的全文数据库有哪些？对于某一陌生化学课题应怎样进行全文数据库检索？
2. SCI 指的是什么？对于某一陌生化学课题应怎样利用文摘数据库进行检索？
3. 平时接触的特种文献有哪些？如何分类？
4. 平时使用的化学事实数据有哪些？如何用 NIST 搜索化合物的红外光谱图？

第 4 章 化学软件简介与 ChemBioOffice 使用

当前社会计算机已成为一种不可或缺的工具，各种软件的使用在日常生活、学习、工作中都起着重要的作用。化学软件作为一种化学学习和研究的工具有着不可替代的作用，它不仅有助于进行文字及图形处理等文书工作，而且可以在化学学习与研究的各个方面有助于更快、更好地工作，提高学习效率与工作效率。

化学软件指的是程序开发人员开发的一个数据库应用管理系统，它可以是一个物质结构信息系统、化学反应原理系统、数据信息处理系统等，各种有关功能的窗口的集合构成一个完整的应用系统，分发给各个终端用户的就是一个应用程序。化学软件的开发基于数据、基于逻辑且基于原理。本章主要对化学工作者常用的一些计算机软件进行简介，希望能通过本章内容，了解化学学习研究中重要相关软件资源的类型与特点，并在自己的化学学习和研究中做出有效、快速地选择。除了软件资源简介之外，本章节还将针对化学结构可视化软件 ChemBioOffice 做重点介绍，详细阐述 ChemDraw 和 Chem3D 的基本使用方法。

4.1 化学软件概述

化学软件是解放人力劳动，提高劳动效率的有效途径：有的化学软件有助于具体化微观分子、粒子的结构，加深对物质的了解；有的软件能对分子结构性质与化学反应进行解释与预测；有的软件能对实验数据进行表达与分析。化学软件广泛应用于化学研究与学习，也应用于化学管理与教学，是创造、提取、分析与传播化学信息必不可少的工具。

主要化学软件可分为结构可视化类、数据分析处理类、图谱处理解析类、计算化学类、文献信息管理类以及图文处理类（图 4-1）。文献信息管理软件有助于管理、引用相关文献；图谱处理解析软件可将工作站中的原始谱图编辑成想要的格式并加以分析归纳；数据分析处理软件可对原始实验数据进行加工、分析并转化成图表；计算化学软件有助于对化学体系进行计算、设定与结果输出；化学绘图软件将分子原子等微观粒子以可视化图形的形式表现出来。除此之外，其他与图文处理等相关软件在化学研究过程中也是必不可少的。接下来将逐一进行简介。

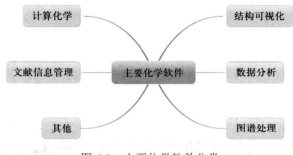

图 4-1　主要化学软件分类

4.2　化学结构可视化软件

肉眼能对宏观物体有着细致的观察,但是却无法看到微观体系。化学结构可视化软件(亦可简称化学绘图软件)的产生,使得微观分子、粒子的结构更加具体形象,加深了人们从分子层面对物质的了解。它们无论是在教学还是在科研领域都有着不可替代的作用。化学绘图软件主要可以分为两种:一种为二维化学结构式绘制软件;一种为三维结构绘制软件。接下来将逐一介绍着两种软件。

4.2.1　二维化学结构式绘制软件

有关化学结构式编辑的软件市面上非常之多,它们各有所长,既有商品的,亦有对教育界及家用免费的。其功能主要是进行化合物的二维结构式、化学反应方程式、化工流程图、简单的实验装置图等化学常用的平面图形的绘制。常见化学绘图类软件有:ChemDraw、ChemWindow、ChemSketch 等(图 4-2)。ChemDraw 与 ChemWindow 为商业化软件,ChemSketch 对教育界及家用免费,可以在各自的网站上下载。

(a) ChemDraw　　　　　　　(b) ChemSketch　　　　　　　(c) ChemWindow

图 4-2　常用二维化学结构绘制软件

ChemDraw 是当前最常用的结构式编辑商业软件,ChemBioOffice 的组成部分为 PerkinElmer 公司出品。除了以上所述的一般功能外,可以同 Chem3D 等插件一起协同工作;还具有预测分子的常见物理化学性质、对结构按 IUPAC 原则命名、预测化合物谱图等功能。

ChemSketch 是(ACD)公司设计的化学绘图软件包,对教育界及家用免费,其主要功能有绘制化学结构和计算化合物性质;ChemSketch 既可以作为化学绘图软件包单独使用,也可作为其他 ACD 软件的终端使用,如核磁共振谱图预测软件。此外 ACD 系列软件还包括 3Dviewer 可用于观察所绘制分子的三维结构与分子建模。

ChemWindow 是由 Softshell 公司推出的商业化软件，主要功能是绘出各种结构和形状的化学分子结构式及化学图形，包括三大部分：①绘画化学结构、化学反应式和化学实验装置；②光谱曲线处理，可直接调入色谱图、光谱图、NMR 图、质谱图等曲线进行处理、标注，并以使用者的意愿和要求的格式输出其图谱或转入其他应用软件中，如 Microsoft Word、PowerPoint 等，便于出版或报告；③光谱解析，红外光谱、质谱和核磁共振（NMR）谱与化学结构的相互关联。它的一个最突出的特点是与光谱的结合，除了预测化合物谱图功能外，更可以读入标准格式的谱图，如核磁共振图、红外光谱图、紫外光谱图以及色谱图等。

ISIS Draw 软件由 MDL Information Systems Inc.开发，因其强大的功能及与 MS Office 套件极佳的兼容性而在国内化学界广泛流行。该软件为自由软件，无注册自由软件，无注册费，无使用期限，但是不能进行商业买卖。

上述二维结构式程序虽然可以画出非常好的二维化学结构，但除了 ChemSketch 外，要表现出三维的化学结构则十分困难，必须依赖于一些专门的三维结构绘制软件来实现。

4.2.2　化学三维结构绘制软件

化学三维结构绘制软件也称为分子建模软件，它们可以同时兼备多种功能，如结构输入和对分子操作、显示分子与化学计算。比较著名的化学三维结构绘制有：ChemBio3D、GaussView、WebLab Viewer。它们都能够以多种模式显示化合物三维结构、提供分子建模与进行化学计算（图 4-3）。

　　　　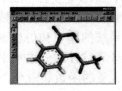

　（a）ChemBio3D　　　　　　（b）GaussView　　　　　　（c）WebLab Viewer

图 4-3　常用三维分子建模软件

ChemBio3D 同 ChemDraw 一样，是 ChemBioOffice 的组成部分，它能很好地同 ChemDraw 一起协同工作，ChemDraw 上画出的二维结构式可以正确地自动转换为三维结构。它本身还包括了一些经验、半经验量子化学计算程序。

GaussView 是一个专门设计于著名计算程序高斯（Gaussian）配套使用的，作为高斯软件包的输入、输出界面，能够以三维的方式显示化学计算结果，如分子振动、分子轨道、电荷密度分布等。其主要用途有两个：构建高斯的输入文件和以图的形式显示高斯计算的结果。除了可以自己构建输入文件外，GaussView 还可读入 Chem3D、HyperChem 和晶体数据等诸多格式的文件。从而使其可以与诸多图形软件联用，大大拓宽了使用范围。WebLab Viewer 也同样能绘制三维模型，该软件表现生物分子和晶体结构的能力也比较强。

4.3　数据处理软件

化学中的数据处理多种多样，对不同的数据处理要求，宜采用不同的软件完成。化学研究中主要利用数据处理软件进行以下操作：

① 根据需要对实验数据进行数学处理，如简单算式、傅里叶变换等；
② 对数据进行曲线拟合、统计分析，如线性拟合、非线性拟合、t 实验等；
③ 利用模板，根据实际需要绘制二维及三维图形，如线图、点线图、柱形图等。
目前流行的数据分析处理软件有：Excel、Origin、MATLAB 等（图 4-4）。

（a）Excel　　　　　　　　（b）Origin　　　　　　　　（c）MATLAB

图 4-4　常用数据分析与处理软件

Excel 是大家熟悉的微软公司的办公软件 Microsoft office 的组件之一，它可以进行一般数据的处理、统计分析和线性拟合，使用简便，是数据处理的入门级软件。

Origin 软件是由 OriginLab 公司出品的商业化软件，是国际流行的科技绘图和数据分析软件；该软件功能强大，可满足化学工作者的大部分需要，使用 Origin 就像使用 Excel 那样简单，只需点击鼠标，选择菜单命令就可以完成大部分工作，获得满意的结果。但它又比 Excel 功能要强大些，介于专业与基础之间。

MATLAB 是美国 MathWorks 公司出品的商业数学软件，是一款面对科学计算、可视化以及交互式程序设计的高科技计算软件。它将数值分析、矩阵计算、科学数据可视化以及非线性动态系统的建模和仿真等诸多强大功能集成在一个易于使用的视窗环境中，代表了当今国际科学计算软件的先进水平。但使用这些软件需要一定的计算机编程知识和矩阵知识，并熟悉其中大量的函数和命令。

4.4　文献管理软件

文献管理软件可以用于收集、整理、排列参考文献。撰写研究论文的过程中，这类程序还可以直接在文字处理过程中插入参考文献，并按要求自动生成规定格式的参考文献列表。其中代表性的有：EndNote、Mendeley 和 ProCite 等（图 4-5），它们都能对文献进行整理，生成一定杂志规定格式的参考文献列表。

（a）EndNote　　　　　　　　（b）Mendeley　　　　　　　　（c）ProCite

图 4-5　常用文献管理软件

4.5 图谱解析软件

常见化学谱图形式各异，其中常见的有 1D 和 2D NMR（核磁共振）、MS（质谱）、UV-IR（紫外和红外光谱）、Raman（拉曼光谱）、色谱（chromatography）等，这些谱图的产生和仪器性质与生产厂家密切相关，因此谱图处理往往较为复杂，需要专用的谱图软件来进行（图 4-6）。在此类软件中，高级化学发展有限公司 Advanced Chemistry Development（以下简称 ACD/Labs）开发的系列谱图软件兼容多数仪器厂家的数据格式，通用性很好，使用方便。比如 ACD/NMR Processor 为 ACD/Labs 旗下众多模块中的一个，能帮助用户实现核磁共振谱图的处理与结构匹配，功能十分强大。此外，核磁图谱解析还有著名的 MestReNova 软件，该软件是一款西班牙 Mestrelab Research 最新开发的核磁数据处理软件，包含集 NMR 和 LC/MS 数据处理。OMNIC 是 Thermo 热电公司出品的红外谱图解析软件，质谱解析软件有 AB 公司出品的 Analyst 软件等。

(a) 谱图解析　　　　　(b) 核磁谱图解析　　　　　(c) 质谱解析　　　　　(d) 红外谱图解析

图 4-6　谱图处理与解析软件

4.6 化学计算软件

化学计算对分子结构与性质的解释与预测是任何其他工具都不能替代的。与分子结构和性质的计算有关的程序逐渐成为化学研究中一个必不可少的工具。关于化学计算主要软件如图 4-7 所示。

(a) Gaussian　　　　　(b) HyperChem　　　　　(c) GAMESS

图 4-7　化学计算软件

Gaussian（高斯）软件是一个功能强大的量子化学综合软件包，支持常用半经验方法、从头计算法及密度泛函理论，功能非常强大，是使用最为广泛的计算软件之一。Gaussian 的可执行程序可在不同型号的大型计算机、超级计算机、工作站和个人计算机上运行，并相应有不同的版本。高斯软件计算功能有：过渡态能量和结构、键和反应能量、分子轨道、原子电荷和电势、振动频率、红外和拉曼光谱、核磁性质、极化率和超极化率、热力学性质、反应路径。计算可以对体系的基态或激发态执行。该软件可以预测周期体系的能量、结构和分子轨道。因此，Gaussian 可以作为功能强大的工具，用于研究许多化学领域的课题，例如取代基的影响、化学反应机理、势能曲面和激发能等，常常与 GaussView 联用。

HyperChem 软件包括常用的几乎所有分子力学及半经验分子轨道方法及多种从头计算法等，它还能计算振动光谱、电子光谱、分子动力学等。HyperChem 是一款以高质量、灵活易操作而闻名的分子模拟软件。除了展示分子三维结构外，HyperChem 还可进行分子力学、分子动力学与量子化学计算，它支持的计算方法有从头计算、半经验方法、分子力学和混合计算。

GAMESS（general atomic and molecular electronic structure system）为一种从头计算量子化学程序，速度快，并提供源程序。但早期版本界面为 DOS 界面，必须用手工输入分子结构及计算相关的命令，比较烦琐。GAMESS 有两个版本，US 版本和 UK 版本。US 版本为免费程序。值得一提的是，Chem3D 中收录了 GAMESS 软件包，因此也具备一定的量子化学计算功能。

4.7 其他软件

各种其他能应用于化学研究与学习的软件非常之多，常用的图文处理软件，如微软的办公系列软件 Word、PowerPoint，还有 Adobe 公司的图片绘制与处理软件，如 Illustrator 和 Photoshop 等。利用这些软件可以进行科技论文的撰写与科技图片的绘制，使化学信息的转化与传播更加便利，因此平时要养成利用这些软件的习惯。此外，还要注意思维导图 Mindmanager 的应用，思维导图可进行文字图像编辑，用一个中央关键词或想法以辐射线形连接所有的代表字词、想法、任务或其他关联项目，十分利于逻辑思维的整理与图形化。最近，多种化学手机应用也陆续出炉，很多化学数据库与化学软件都推出了手机 APP，平时应留意这方面的进展。

4.8 ChemBioOffice 软件

ChemBioOffice 是当前功能最强大、使用最广泛的化学软件包之一，几乎每年都会更新版本。ChemBioOffice 包括 ChemDraw、Chem 3D、ChemFinder 与 ChemScript 等主要插件，除了具有化学、生物分子构建与可视化功能外，还提供了多种科学实验数据分析工具。其中 ChemDraw 为其主要软件，可以极为方便地进行二维化学图形的绘制；Chem3D 可快速进行化学分子建模、三维分子展示与化学计算，对化合物结构、反应动力学等进行预测。ChemFinder 是桌面版的化学信息管理软件，是基于国际互联网技术开发的智能型数据管理系统。ChemFinder 数据库中包含几十万种化学物质的详细信息，可以查询化学结构、反应产物和进行化学文摘检索。利用 ChemFinder 还可建立自己的数据库、管理化合物并进行查询。ChemScript 是一种 Python 脚本的化学编程扩展语言，是一个功能强大的化学信息编程模块。利用 ChemScript 用户可创建自己的一组化学规则，然后将其应用到数据库中。

接下来要对 ChemBioOffice 的两大主要软件 ChemDraw 和 Chem3D 进行进一步详细介绍。

4.8.1 ChemDraw 的使用方法

ChemDraw 软件是目前国内外最流行、最受欢迎的化学绘图软件，是 ChemBioOffice 系列软件中最重要的一员,是有机化学最为常用的化学结构绘制软件。由于它内嵌了许多国际权威期刊的文件格式,近几年来成了化学界出版物、稿件、报告等领域绘制结构图的标准。ChemDraw 中文网站为 http://www.chemdraw.com.cn/。

　　ChemDraw 软件的具体功能有:①建立和编辑与化学相关图形。例如,化合物的结构式,化学反应方程式,化工流程图,简单的实验装置图绘制立体图形、对称图形、轨道等;②内存多种出版物模板,可根据模板要求更改图形格式;③预测化合物属性、光谱数据、IUPAC 命名以及计算反应计量。

(1) ChemDraw 界面简介

　　ChemDraw 界面如图 4-8 所示,可分为菜单栏、工具栏、主工具图标板、滚动栏、状态/信息栏与编辑区这几个部分。所有图案都绘制在编辑区中,使用的主要工具都以图表的形式列在主工具图标板上(图 4-9)。

ChemDraw 基本绘制

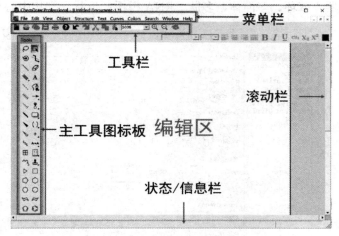

图 4-8　ChemDraw 界面

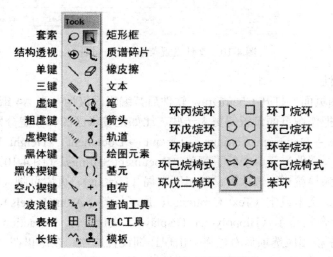

图 4-9　ChemDraw 主工具图标板

① 选择工具:套索与矩形选取框。
② 结构透视与质谱碎片工具。

③ 各种化学键绘制工具：单键、双键、虚键、粗虚键、虚楔键、黑体键、黑体楔键、空心楔键、波浪键等。

④ 表格工具及长碳链工具。

⑤ 橡皮、文本、笔、箭头、轨道、绘图元素、基元、电荷、化学查询工具、TLC 工具、模板工具。

⑥ 各种环模板：环丙烷、环丁烷、环戊烷、环己烷、环庚烷、环辛烷、椅式环己烷、环戊二烯、苯环等。

为了更加方便绘图，要充分利用 ChemDraw 中自带的模板（图 4-10）。模板工具中收集了几十种类型的生物、化学结构模板，目前仍在更新中。它们分别是：高级生物绘图、氨基酸支链、氨基酸、解剖学、动物、芳香化合物、二环、生物仪器、生物绘图、昆虫、化学实验器材 1、化学实验器材 2、构型、环烷烃、DNA 模板、官能团、六元糖、茂（合）金属、微生物、纳米管、细胞器、苯环、多面体、多肽、RNA 模板、形状、立构中心与大分子。

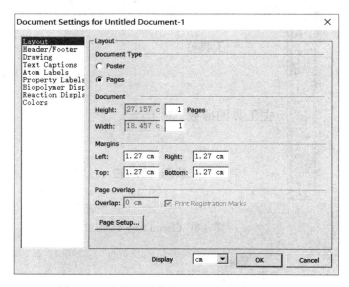

图 4-10 文件设置菜单（Document Settings）

（2）使用方法

① 选择作图页面　打开 ChemDraw 软件后其编辑区仅为一张 A4 纸大小，为作图留下足够的空间，可以把作图页面设置得更大一些，比如把编辑区的长和宽分别设置为 3 张 A4 纸，具体操作为：File→ Document Settings → Layout → Document （Height, Width）。

点击"File"（文件）菜单中的子菜单"Document Settings"（图 4-10），将出现文件设置的各种选项，左边为导航栏，选项有：编辑区布局（Layout）、页眉页脚（Header/Footer）、绘图选项（Drawing）、文本设定（Text Captions）、原子标签（Atom Labels）、性质标签（Property Labels）、生物聚合物显示（Biopolymer Display）、反应显示（Reaction Display）、颜色设置（Colors）。选定左栏相应选项后右栏将会出现详细设置选项。在这里在"Layout"栏目下，将"Document"栏目中"Height"与"Width"大小设定中的"1 Pages"改成"3 Pages"即可。

② 选择作图格式　大部分电子期刊对投稿的化合物结构式、反应式都有格式上的要求，要求严格到绘制各个原子连接的角度、键的粗细和长短，元素符号的字体和字号。如果根据

要求每项核对非常麻烦，而 ChemDraw 内含多个国外电子期刊结构格式模板，可以快速套用期刊格式，这也是为什么 ChemDraw 如此受科研工作者欢迎的主要原因之一。利用 ChemDraw 设置化学结构格式具体操作如下：File→ Apply Document Settings from→ ACS Document 1996。

点击"File"（文件）菜单中的子菜单"Apply Document Settings from"应用文件格式，在出现的各种选项，选取需要的期刊格式，比如选取"ACS Document 1996"，所画结构式将变成 ACS 美国化学会所规定的格式。在确定格式后，绘制出的结构就是 ACS 规定的格式了。如果后期想要更改其他格式，重新设置一次格式即可，非常方便。

③ 绘制碳链 绘制碳链需点击工具栏左上方的图标，单击选定后，鼠标会变成"十"字（图 4-11），在图纸上单击一下即可出现一条单键。注意，在相似初始设置中碳原子和氢原子是隐藏的，所以这个化合物其实是乙烷。如需延长碳链请将鼠标移动到碳端，等小光标出现在碳端后，说明已选定了这个碳原子，单击鼠标，这时碳端就会出现新的碳碳键。如果将鼠标移至单键上，则会出现一个长光标，这说明选定的是一条单键，这时单击鼠标，单键就会变成双键。

④ 加杂原子 输入除碳、氢以外的杂原子，需要使用文本工具。点击工具栏的文本工具，即大写的"A"图标，光标此时发生变化，如果想将碳原子取代成杂原子，需要将光标移至想要替换的位置，此时光标中如有一个大写的"A"字出现，这说明已成功选取这个碳原子，单击鼠标，会出现文本框，输入想要输入的杂原子符号，如氧、氮，请输入大写的 O、N。

另外一种做法是调出元素周期表：View→ Show Periodic Table。点击视图"View"菜单，在出来的选项中点击"Show Periodic Table"，将出现元素周期表。点击选取元素后点击想要替换的碳原子即可（图4-12）。

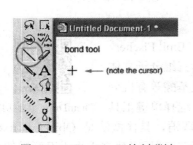

图 4-11 ChemDraw 绘制碳链

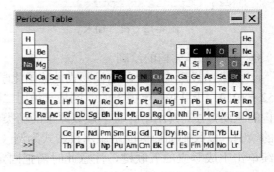

图 4-12 ChemDraw 中的元素周期表

此外，也可以利用文本工具在作图区输入文本字符，但是当输入中文字符时，需将字体改成宋体等中文字体格式，否则中文字符不能正常显示。

⑤ 复杂结构 某些化合物结构较难完全用单、双键工具绘制，如一些结构复杂的大分子、手性化合物或生物分子等。这时可以利用 ChemDraw 中自带的模板来绘制复杂结构，比如苯环、环烷烃等结构可以在工具栏中找到，其他更多模板可以在工具栏的模板工具中找到。利用模板画出框架后可以输入文本或者用键工具进行调整修饰。

⑥ 复制和粘贴 通过选择工具如"Lasso"（套索）和"Marquee"（矩形选取框）可以选定目标结构，选定后结构四周会被蓝色的框框住，然后点击右键，会出现菜单栏。可以按照菜单栏选项对选定的结构进行编辑，如移动、旋转、复制和粘贴。点击复制后，可直接将 ChemDraw 中的结构式，粘贴到 Word 文档中。

⑦ 输入符号　如果想要输入符号，请点击文本图标，文本框打开后可点击"View"菜单下的"Show Character Map Window"，这样即可调出符号窗口（图4-13），其中包括希腊字符和各种图标，单击想要输入的符号，符号即会显示在文本框中。

⑧ 优化结构　如果想对画出的分子式进行结构优化，其具体操作是：选定目标分子式，点击"Structure"结构菜单下的"Clean up structure"优化结构，初步完成优化。

⑨ 箭头的绘制　在表示化学反应机理或质谱断裂机理中，常常用箭头来表示电子的转移，这个时候可以用ChemDraw自带的模板来绘制各种样式的箭头（图4-14），也可以用钢笔工具绘制箭头或曲线。

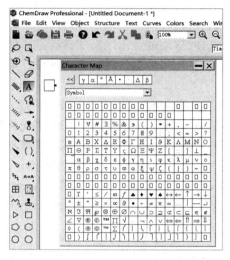

图4-13　符号输入

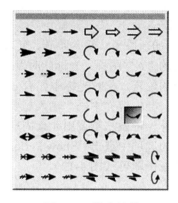

图4-14　箭头符号

⑩ 其他立体结构的绘制

a. 费歇尔投影式　费歇尔投影式是德国化学家费歇尔（Emil Fischer，1852—1919）于1891年提出的。这是一种用二维图像表示三维分子立体结构的重要方法，常用于含有手性碳原子的糖类化合物和氨基酸等有机分子的绘制。以绘制葡萄糖的费歇尔投影式为例（图4-15），选择单键工具连续单击生成竖立的五联键，注意此时需把固定键角选项取消，具体做法是Object→fixed angle，这样就可以画出直立的五联键。然后点击五联键中间的碳原子建立垂直于五联键的水平线，最后在原子上定位建立标记，即用文本工具在每个碳原子上，输入相应的官能团即可完成绘制。

ChemDraw其他功能

较新版本的ChemDraw中，工具条→模板图标→Conformers里有费歇尔投影式的模板可以直接调用。

b. 哈沃斯透视式的绘制　哈沃斯透视式是表示单糖、双糖或多糖所含单糖环形结构的一种常用方法，名称来源于英国化学家哈沃斯（Sir Walter Norman Haworth，1883—1950）。以葡萄糖哈沃斯透视式的绘制为例（图4-16），首先选择环己烷模板，绘制顶端为平行线的六边形图案，然后在每个C原子上建立竖直方向的取代基，注意键长需要调整，此时需把固定键长选项取消，具体做法是Object→Fixed Length。然后用文本工具在每个取代基上添加取代基符号，这样得到了一个大致图形，但是这个图并不符合近大远小的透视关系，可以把它压缩一下，先选定这个图形然后按住"Shift"键，并按住鼠标左键拖曳，这样就可以改变图像的大小以及比例关系，拖动鼠标上下移动，让其图形垂直压缩大概 50%，这样这个图形就具有了一些透视的意味。如果想让该图像的化学键变得更加具有立体效应，可以把简单的单键变成具有立体效果的粗楔键与黑体键，这样就有了凸出纸面的立体效应。

较新版本的 ChemDraw 中，己糖哈沃斯式骨架可由工具条→模板图标→Conformers 中调出。

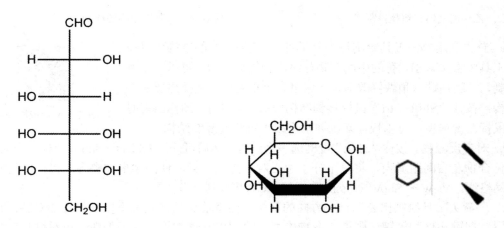

图 4-15　葡萄糖费歇尔投影式　　　　　　图 4-16　葡萄糖哈沃斯透视式

c. 纽曼投影式的绘制　　纽曼投影式是纽曼（Melvin Spencer Newman, 1908—1993）于 1952 年提出来的用于表现分子立体结构的一种方法，可以方便地表现交错式与重叠式。以一个乙烷的交错式纽曼投影式绘制为例（图 4-17），首先选择单键工具，连续单击生成三个对称结构，选择这个结构，拖动复制，将复制部分旋转至交错式的位置并移到一定的角度，之后选择键工具，连接两个结构，然后选择轨道工具，定位中心原子，按下鼠标键，单击建立轨道，这样圆圈就画出来了。选定后面三个键，然后选择移到页面上方，最后将后面结构选定，移动到圆圈的中心位置，这样一个交错的纽曼投影式就画好了。

较新版本的 ChemDraw 中，工具条→模板图标→Conformers 里有纽曼投影式的模板可以直接调用。

⑪ 二茂铁结构的绘制　　二茂铁的结构为一个铁原子处在两个平行的环戊二烯环之间，在固体状态下两个茂环相互错开，温度升高时则绕垂直轴相对转动（图 4-18）。要画出这个结构，首先用模板画出茂环即环戊二烯，注意这两个茂环是错开的，然后选中茂环建立中心，具体做法是在"Structure"菜单选择"Add Multi-Center Attachment"，这时茂环中心会出现一个星号，找到单键工具从星号引出单键，在单键另一端输入文本 Fe，再在另一个茂环建立中心，同样 Structure→ Add Multi-Center Attachment，第 2 个茂环中心出现一个星号，画一个单键把这个星号与 Fe 连起来，最后调整键的前后次序，选定单键后在"Object"菜单中选取"Sent to back"，即将化学键放在茂环后面就可以了。

较新版本的 ChemDraw 中，工具条→模板图标→Metallocenes 里有茂金属的模板可以直接调用。

⑫ 化学反应式的绘制　　化学反应式涉及多个化合物分子的排列，因此除了单个化学结构绘制要美观之外，还要注意整体格式、大小比例与位置关系。反应式具体的绘制步骤如下：

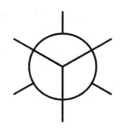
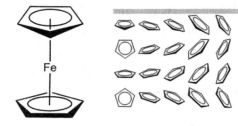

图 4-17　乙烷的交错式纽曼投影式　　　　图 4-18　二茂铁结构的绘制

a. 首先利用单键工具绘制每个分子骨架。较为复杂的结构可以在模板工具中直接调出，有的中间产物与终产物结构类似，可以不用重新绘制，复制粘贴后稍做修改即可。这里有个小窍门：选择想要复制的结构，按住"Shift+Ctrl"鼠标移到结构中心，等小手+图标出现时按住鼠标左键拖曳，可以快速复制并水平或垂直移动复制结构。

ChemDraw 合成路线绘制

b. 对齐反应物。按住"Shift"可框选多个结构，然后可采用 Object→Align 选择中心对齐，以及化合物左右间距适当，将每个分子中心对齐排成一行，使图案更加整齐。另一个选择是调出网格线：View→ Show Crosshair，然后移动结构到合理位置。

c. 用箭头工具绘制出表示合成方向的箭头，注意箭头的格式大小以及位置的对齐。最后利用黑体楔键和切割楔键，强调化合物构型，绘制出立体效果。为了美观，可对键长键角进行微调，最后用文本工具填上元素符号和文本，在这里可用蓝色斜体的 Arial 字体标注反应类型，用红色字体标注终产物名称，调整文本格式与所在位置，再在箭头上添加反应条件和反应类型文本，即完成合成路线的绘制（图 4-19）。

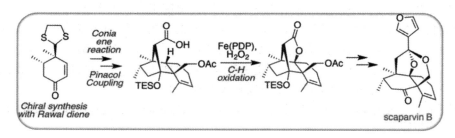

图 4-19　合成路线图

4.8.2 ChemDraw 的其他功能

（1）给化合物命名

ChemDraw 可用于化合物命名，其具体操如下：选定化合物→ Structure→ Convert structure to name；ChemDraw 会根据绘制的化学式给出 IUPAC 命名。

（2）显示质谱信息

利用 ChemDraw 得到化合物质谱信息，其具体操作如下：选定化合物→View→Show Analysis Window。ChemDraw 会根据绘制的化学式给出质谱信息，如精确质量、同位素峰等信息。还可调节 Decimals 小数点来调节分子量显示的小数点后位数（图 4-20）。

（3）显示化学性质

利用 ChemDraw 得到化合物化学物理性质，如熔沸点、临界温度、吉布斯自由能等（图

4-20)。具体操作如下：选定化合物→ View→ Show Chemical Properties。ChemDraw 会根据绘制的化学式给出其化学物理性质与常数。

（4）调出化合物碳谱和氢谱

利用 ChemDraw 得到化合物核磁共振谱图碳谱和氢谱信息，其具体操作如下：选定化合物→Structure→Predict 1H-NMR/13C-NMR Shifts。ChemDraw 会给出选定化合物的碳谱和氢谱。

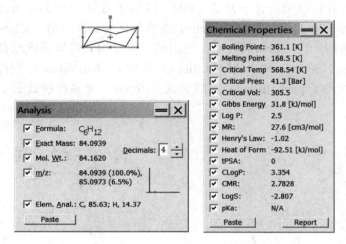

图 4-20　环己烷的质谱数据与化学性质

（5）检索化合物结构与化学反应

在 ChemDraw 中可直接联网 SciFinder 检索化合物结构或化学反应，具体操作如下：

① 选择工具选定化合物后，点击工具栏的"Search SciFinder"图标（图 4-21）；

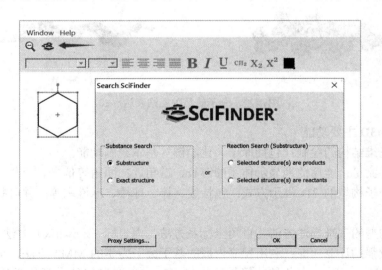

图 4-21　利用 SciFinder 检索化合物结构

② 出现 SciFinder 检索窗口，可以勾选化合物检索（Substance Search）选项或化学反应检索（Reaction Search）选项；

③ 在化合物检索中，可以设定框选结构为检索目标的子结构（Substructure）或精确结构（Exact structure）；

④ 在化学反应检索中，可以设定框选结构为反应物（reactants）或反应产物（products）。

4.8.3 分子模型软件 Chem3D

Chem3D 软件同 ChemDraw 一样是 ChemBioOffice 的主要模块，用于分子的三维空间模型显示与构造，并可以结合分子力学（MM）或量子力学（QC）方法对分子构型进行优化和性质计算，是一个具有较强功能的分子建模与化学计算软件。Chem3D 能很好地同 ChemDraw 一起协同工作，ChemDraw 上画出的二维结构式可以正确地自动转换为三维结构。它还可以用线式（wire frame）、棍式（sticks）、球棍式（ball&stick）、圆柱键式（cylindrical bonds）、空间堆积式（space filling）及飘带式（ribbon）等多种模式显示化合物的三维结构（图 4-22）。

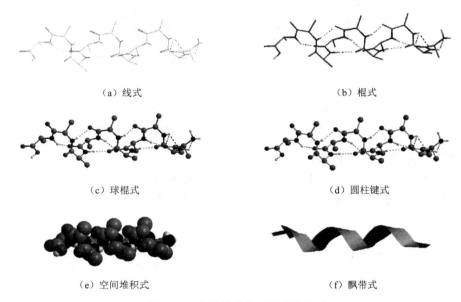

(a) 线式　　　　　　　　　　　　　　(b) 棍式

(c) 球棍式　　　　　　　　　　　　　(d) 圆柱键式

(e) 空间堆积式　　　　　　　　　　　(f) 飘带式

图 4-22　分子的几种三维表达形式

（1）Chem3D 主要功能

① 分子三维结构的绘制：包括原子、化学键等基本绘制功能。

② 构型的测量：能便捷地显示体系的键长、键角、二面角等信息。

③ 多种分子构型的 3D 显示方式：包括线、棒、球棒、球堆积等；并可制作构型变化的 3D 动画。

④ 分子构型的三维描述方法［直角坐标系方法、内坐标（z-matrix）方法］。

⑤ 具有较强的计算功能：利用程序内嵌的基于分子力学的 MM2 方法，可对分子构型进行分子力学计算。同时，为各种计算程序提供接口，如通过安装量子化学软件插件（包括 CONFLEX、GAMESS、Gaussian、Mopac 和 AutoDock），可对分子构型进行优化，以及计算 IR、Raman 以及 NMR 等性质。其方法覆盖了经验方法、半经验方法以及不同水平的精确从头计算方法。

(2) Chem3D 界面与主要菜单

首先熟悉下 Chem3D 软件的界面与菜单栏说明,Chem3D 的界面如图 4-23 所示,它包括以下几个部分:

菜单条:即菜单的列表,除了具有常见的文件、编辑、视图菜单,还有结构、计算、表面、动画等菜单。

Chem3D 简介

工具条:是绘图的一些常用工具,如选择工具、移动工具、绘图工具等。

模型窗:是用 Chem3D 建立分子模型的区域,也就是三维分子绘图区。

其他显示窗(隐藏):左栏有隐藏的窗口在计算时可以拉开显示。

信息窗:在利用 Chem3D 进行计算时,一些计算过程与结果就会显示在这里。

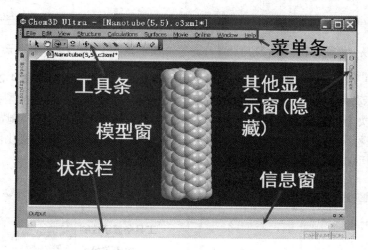

图 4-23 Chem3D 界面

状态栏:显示 Chem3D 的操作状态。

接下来对 Chem3D 的几个主要工具进行解释。

① 软件菜单

Chem3D 的几乎所有操作均可以通过菜单选取相应的选项进行设定来实现。因此了解菜单的选项和设置非常重要。

a. 文件菜单　通过文件菜单可选择新建文件或打开某格式文件,其中 Chem3D 软件默认的格式是 c3xml。此外它还支持 ChemDraw 文件(cdx);Gaussian, GAMESS 量化软件输入文件;ISIS/draw 文件(skc);Weblab viewer 的文件(Mol);晶体结构文件(cif)。

除了其他保存、输出选项外,需注意"Model Settings"模型设置功能,通过这个选项能控制软件默认选项,包括模型的显示方式、模型构造、字体大小和颜色等。点击"Model Settings"即会出现这样一个窗口,可以点击不同栏目进行模型设定,比如点击"Model Display"模型显示方式栏目(图 4-24),在该栏目下,可对以下选项进行设定:构型默认显示方式;H 原子、氢键以及孤对电子显示控制、是否显示元素符号和编号。在"Atom & Bond"原子与化学键栏目中可设定原子球的大小、原子扩展空间大小及化学键的粗细等。颜色和字体设置栏目中可设定原子颜色方案,缺省颜色设置,原子标签的字体类型、大小和颜色(图 4-25)。

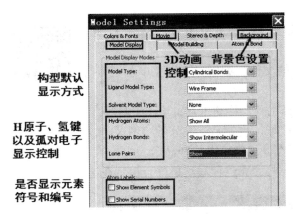

图 4-24　模型设置菜单中显示选项设置　　　　图 4-25　模型设置菜单中原子与化学键选项设置

b. 编辑菜单　编辑菜单主要用于构型的复制、粘贴以及选择控制（图 4-26）。

c. View 显示菜单　View 显示菜单可控制显示方式、定位以及坐标、构型参数表显示设置等。具体功能依次为：显示模式、显示方向以及定位、工具条显示控制、构型浏览窗、ChemDraw 面板、笛卡尔坐标与内坐标列表、构型参数列表、信息窗控制、二面角变化图、各种谱图显示、绕轴旋转等动画演示（图 4-27）。

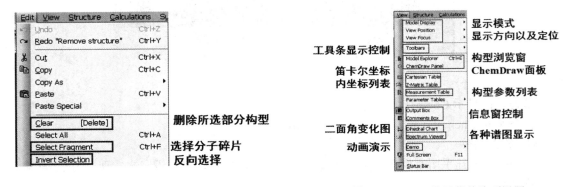

图 4-26　编辑菜单　　　　　　　　　　　　图 4-27　View 显示菜单选项设置

d. Structure 结构菜单　Structure 结构菜单（图 4-28）主要用于分子模型结构参数的测量、模型定位、模型构型设置等操作。具体功能依次为：结构参数测量，检测模型结构参数，如键长、键角、二面角等信息；模型定位、设定平面，进行模型的平面反映；建立内坐标；查找显示模型立构中心；进行异构转换，如顺反异构化；偏离平面，选择了 4 个原子时，进行偏离平面测量；添加矩心，至少选定 2 个原子后，添加矩心到选定模型中；校正，添加 H 原子使化学键饱和；结构修正，修正不合理的键长和键角；碎片重叠与定位。

e. Calculation 计算菜单　通过 Calculation 计算菜单（图 4-29）可对所绘制模型进行各种计算，如动力学、构型优化以及性质计算等。其具体功能依次为：终止计算；二面角驱动器：可选定 1～2 个二面角进行计算；扩展 Hückel 计算（半经验）；计算电荷分布与表面；MM2 分子力学计算，使用 MM2 力场，进行能量最小化、分子动力学与性质计算；MMFF94 力场计算；计算模型性质。各种计算程序接口包括 CONFLEX、GAMESS、Gaussian、Mopac 和

AutoDock。

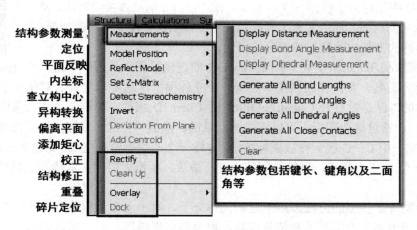

图 4-28　Chem3D 结构菜单

f. Surface 表面绘制菜单　Surface 表面绘制菜单主要用于绘制分子轨道、静电势以及电荷密度图像等，通过表面菜单还可以随意更改表面显示模式。表面绘制菜单具体功能有选择所要绘制的图像、表面半径、图像显示方式、图像颜色设置、图像分辨率设置、选择所要绘制的分子轨道、图像取值范围及图像正负颜色设置等。可显示的表面有：溶剂接触区域、Connolly 表面（蛋白质）、总电荷密度、总自旋密度、分子静电势、分子轨道。表面显示模式有：实心图、网格图、点图与半透明图。

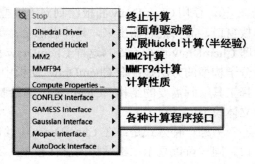

图 4-29　计算菜单

② 工具条　工具条是由多种工具按功能分类放置在一块的图标条，如选择工具、移动工具、绘图工具等。点击哪个图标即选定了哪种工具。点击视图"View"菜单中的"Toolbars"选项即可调出各种工具条（图 4-30）。Chem3D 的工具条有：基本工具条（Standard）、建模工具条（Building）、模型展示工具条（Model Display）、表面工具条（Surfaces）、动画展示工具条（Demo）与计算工具条（Calculation）。这些工具条中最主要的是建模工具条（图 4-31），其功能选项从左到右依次为：选择按钮；整体平移；旋转；放大/缩小；移动原子或分子局部；定义键的类型（单键、双键、三键、虚键）；由输入的文本创建构型；删除按钮。

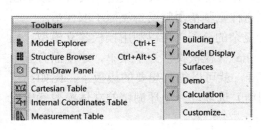

图 4-30　各种工具条

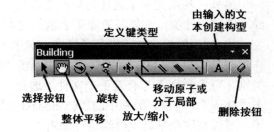

图 4-31　建模工具条

（3）三维分子建模

Chem3D 中创建分子模型有 4 种基本方法，它们分别是直接绘制法、使用 ChemDraw 面板法、使用文本工具法以及利用模板法。按照不同的情况，可以使用不同的方法快速建立三维分子模型。

Chem3D 分子建模

① 直接绘制 3D 立体模型　利用 Chem3D 的建模绘图工具条中单键、双键、三键等工具，直接在绘图窗口绘制分子立体模型，这要求绘制者对化学立体模型比较熟悉。创建的方法是：打开 ChemBioOffice 的 Chem3D 组件，单击画图工具条中的"键"工具（图 4-31），通过这个图标，可以点击选取单键、双键、三键和虚键；然后在绘制窗口拖动鼠标，绘制完一根 C—C 键后释放鼠标按钮，这样一个乙烷就绘制完成。如果要延长碳链的话，以其中一个 C 原子为起点，继续绘制其他键，最后，根据需要用文本输入工具修改原子或基团类型。

直接绘制分子模型的方法适用于绘制简单分子，对于大型、复杂分子的绘制往往并不便捷，一旦原子过多就会需要不断调整视角，也容易出现错误，所以通常采用第二种方法：使用 ChemDraw 面板绘制法。

② 使用 ChemDraw 面板绘制立体模型　如果 Chem3D 界面上没有出现 ChemDraw 绘图面板窗口，需要把它调出来，具体做法是：单击"View"视图菜单，并选择"ChemDraw Panel"即 ChemDraw 面板命令。这样 ChemDraw 面板就会显示在右栏。用 ChemDraw 面板创建立体分子构型的方法是：在 ChemDraw 面板中单击鼠标，就会出现 ChemDraw 工具条，然后，选择工具绘制需要的结构，ChemDraw 里绘制出的结构，Chem3D 窗口会同步、自动显示对应的立体模型。

另外一种方式是：在 ChemDraw 中绘制好分子结构，然后复制、粘贴到 Chem3D 视图窗口。同样可以显示二维结构的立体模型。又或者可以直接用 Chem3D 软件打开 ChemDraw 格式的文件，Chem3D 都能正确地识别并显示相应的三维结构。这样的绘制方法优势在于 ChemDraw 创建平面结构，绘制过程比较清晰也更容易掌握，并且绘制者可以同时观察平面和立体构型。

③ 使用文本工具　对于一些比较简单的结构，可以直接利用文本工具输入结构简式来创立分子模型。具体操作方法是：选择"绘图工具条"中的"文本工具"，在绘图窗口单击，生成文本输入框，然后在文本区域内键入原子符号及数量（即化学简式）。比如：创建苯的立体模型，在文本输入框中输入 C_6H_6，即出现苯分子的模型。文本框中输入内容除了化学简式外，还支持俗名、缩写与英文名称的混合输入。比如：在文本框中输入这些字符"*m*-phenylenediamine"，即可出现间苯二胺的三维分子结构。

另外，利用文本工具还可以改变取代基团或原子类型，只需输入相应的元素符号或基团缩写即可。比如，在氨基氮原子上输入文本"Cl"，这样氨基基团就变为氯原子取代基。

④ 利用模板建立三维分子模型　对于一些较为复杂的分子，可以利用模板建立模型。操作方法是：在"File"（文件）菜单中点击"Sample file"（模板文件）子菜单，这里面有五个类别，每个类别下都有若干个文件，选择一个并打开，就可以得到想要的模板了。比如：点击"Drug"（药物）类别中的"Cyclodextrin"（环糊精）选项，一个环糊精的立体模型就出现了，可以在这个基础上继续进行编辑。

（4）用 Chem3D 进行化学计算

Chem3D 可以通过计算菜单里的选项进行不同计算的设定。首先，它本身可以进行 MM2

分子力学计算。其次，它还能为 GAMESS、CONFLEX、MOPAC、Gaussian 等专业计算程序提供界面。这里将着重介绍如何用 MM2 进行分子力学计算。MM2 是分子力学计算的一种常用计算程序。分子力学，又叫力场方法（force field method），目前广泛地用于计算分子的构象和能量。MM2 可以用于研究小分子，也可用于研究具有成千乃至上百万原子数的大型生物系统或材料，能进行结构优化、构象分析、给体-受体相互作用等计算工作。在 Chem3D 中进行 MM2 计算的具体操作是：在 Calculations 菜单栏中找到 MM2。MM2 子菜单（图 4-32）下有三大计算功能，它们分别是能量最小化（Minimize Energy）、分子动力学计算（Molecular Dynamics）以及计算性质（Compute Properties）。

Chem3D 简单计算

① 能量最小化功能　打开 MM2 后弹出 MM2 计算对话框（图 4-33），这时的计算类型 Job Type 为能量最小化计算 Minimize Energy，对话框中三个复选框的含义分别是：

　　i. Display Everynth iteration 是显示每次迭代，勾选这个选项后在 3D 模型窗口中，就会显示每次迭代过程模型的变化，使计算过程有动画演示的感觉。

　　ii. Copy Measurements to Output Box 是复制测量数据到输出窗口。

　　iii. Move Only Selected Atoms 是只移动被选原子，这项可以用于分子的局部能量最小化。

　　最下方一栏 Minimum RMS Gradient 是最小化运算梯度，用来定义最小化过程的能量间隔，一般使用默认值即可。

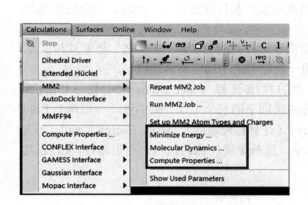

图 4-32　MM2 计算

图 4-33　能量最小化窗口

以己酸分子为例，打开 MM2 能量最小化选项后点击运行（Calculations→MM2→Minimize Energy→Run），Chem3D 就会计算并显示最小化能量的分子构象，在输出窗口中还给出了更多的信息（图 4-34），包括最优分子的伸缩能量（Stretch）、弯曲能量（Bend）、伸缩弯曲能量（Stretch-Bend）、扭曲能量（Torsion）、非 1,4 范德瓦尔斯键能（Non-1,4 VDW）、1,4 范德瓦尔斯键能（1,4 VDW）、偶极/偶极能量（Dipole/Dipole），总能量是上面七种能量的加和。如果在计算时勾选了复制测量数据到输出窗口，那么运行结果还将给出每次迭代的总位阻能、最小化梯度和移动量。

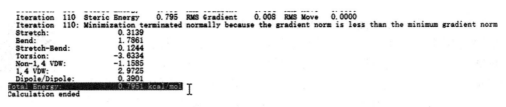

图 4-34 能量最小化计算显示结果

② 分子动力学计算 分子动力学计算是利用牛顿力学原理来研究分子的运动，它逐步改变分子的自由度，考察在一个给定的动能下分子内各原子的位置随时间的变化。打开 MM2 计算中的 Molecular Dynamics 即可进行分子动力学计算功选项设置（图 4-35）：Calculations→MM2→Molecular Dynamics。

Dynamics 动力学选项下的几个参数含义如下。

Step Interval（步频）：决定分子动力学步骤之间的时间间隔，换句话说就是间隔多长时间记录一次当前分子的状态默认是两飞秒。

Frame Interval（帧间隔）：决定采集数据时的时间间隔，也就是动画过程的帧间距，默认是十飞秒。

Terminate After（终止时间）：控制动力学模拟的终止时间，用来指定计算过程计算多少步就退出程序，如果不勾选这个功能，那么软件将计算到分子远离平衡态，以至于无法再次进行迭代为止。

Heating/Cooling Rate（加热/冷却速率）：指加热/冷却速率对虚拟温度的调整。

Target（目标温度）：指基准虚拟温度，当真实温度和目标温度不一致时，就会按照加热/冷却速率来接近目标温度。

点击运行，在 Output 输出窗口中会记录动力学运行时间总能量及其误差、势能及其误差、温度及其误差，并且每隔一定时间软件还调整一次模型的平动能和转动能。

③ 计算性质 点击 MM2 计算菜单中的性质计算 Calculations → MM2 → Compute Properties，将会出现性质计算窗口（图 4-36），性质选项下的三个可以计算的性质分别是 Pi Bond Orders（计算 π 键键序）、Steric Energy Summary（计算总位阻能）、Steric Energy Detail（计算局部位阻能）。实际操作时，在弹出的对话框中，选择需要计算的性质，点击运行，Chem3D 就会计算并将结果显示在输出窗口中。

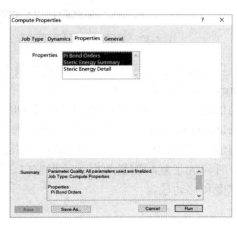

图 4-35 分子动力学计算　　　　　　　　图 4-36 分子性质计算

（5）Chem3D 计算位阻能

① **利用 MM2 计算性质功能绘制二氯乙烷位阻能图** 利用 Chem3D 的 MM2 计算性质功能，结合构象旋转工具绘制 1,2-二氯乙烷的位阻能曲线图（图 4-37）。首先在 Chem3D 中画出分子 1,2-二氯乙烷，使用 MM2 能量最小化功能使其处于最稳定的构象，然后打开 MM2 的计算性质功能，计算总位阻能 Calculations→MM2→Compute Properties→Steric Energy Summary，记录此时的总位阻能，并规定此时的构象旋转角度为零度，点击碳碳键利用构象旋转工具，让模型的 Cl—C—C—Cl 二面角转过一定的角度（图 4-38），比如这里取 10°，再来计算一次总位阻能，记录为构象旋转角度为 10°时的总位阻能，继续旋转模型，重复计算并依次记录旋转角度和总位阻能，直至转过 360°回到初始构象，得到这样一系列总位阻能随构象角度变化的一系列数据。然后利用 Origin 绘图，就可以得到这样一张位阻能图（图 4-37），从曲线可以看出构象旋转过程是能量禁阻的，必须消耗一定的能量来克服旋转势垒，重叠式时位阻能最大。手动旋转二面角见图 4-38。

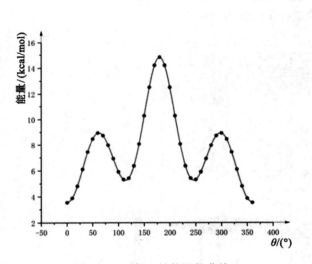

图 4-37　二氯乙烷位阻能曲线

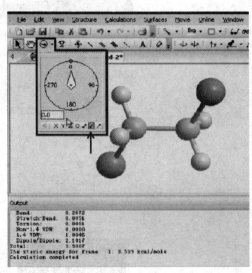

图 4-38　手动旋转二面角

② **使用二面角驱动器绘制位阻能图** 利用 Chem3D 的二面角驱动器功能（Dihedral Driver）可以快速制作位阻能图。以 1,2-二氯乙烷为例，点击选择碳碳键，然后在"Calculations"菜单下，选择二面角驱动器 Dihedral Driver，点击"Single Angle Plot"（Calculations→ Dihedral Driver→ Single Angle Plot），计算完成后弹出二面角驱动器图表，在 Dihedral Diver Chart 上，点击左键并移动可以查看，相应旋转角度的能量以及分子构象（图 4-39）。还可以直接在图上点击鼠标右键，选择保存图片，快速做好了一张 1,2-二氯乙烷旋转构象位阻能图，另外在二面角驱动器图表中单击右键，还可以更改旋转步长，为图表选择颜色背景坐标及标签，也可以直接复制到 PPT Word 文档中。

再以香兰素分子为例，介绍如何绘制同时旋转两个二面角时候的位阻能图。按住"Shift"同时选定与甲氧基氧原子相连的两个碳氧键（图 4-40），在"Calculations"菜单下，选择二面角驱动器 Dihedral Diver，点击"Double Angle Plot"（Calculations→ Dihedral Driver→ Double

Angle Plot),计算完成后得到一张二维位阻能图。能量高低用区块颜色深浅表示,越浅代表位阻能越大。还可以在图上右键鼠标,点击"Copy Data"复制数据到 Origin 中,点击绘制 3D 曲面图,作出一张直观漂亮的三维位阻能图。

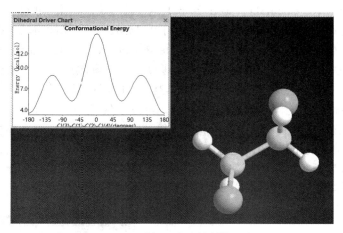

图 4-39　二面角驱动器绘制位阻能图

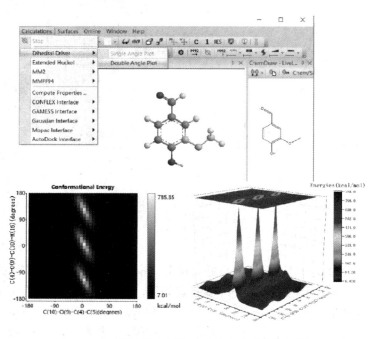

图 4-40　二面角驱动器绘制香兰素分子位阻能图

小结:本章了解了在化学研究与学习中的一些重要软件,如化学结构可视化软件、分子建模软件、数据处理软件、文献管理软件、谱图解析软件、化学计算软件等。学习了它们中重要常用软件有哪些。重点介绍了著名化学软件 ChemBioOffice 及其主要软件包 ChemDraw 与 Chem3D 的具体使用。

思考题

1. 平时接触的化学软件有哪些？如何分类？
2. 如何按某个期刊要求绘制二维化合物结构？
3. 如何快速得出有机化合物分子的 IUPAC 命名与精确质量？
4. Chem3D 视图的主要模式有哪些？如何用 Chem3D 进行基本结构优化？如何用 Chem3D 观察化合物电子轨道？

第 5 章　科学数据处理软件

数据分析是指用适当的统计分析方法对收集来的大量数据进行分析，提取有用信息和形成结论而对数据加以详细研究和概括总结的过程。在化学领域，数据的计算加工、图谱的绘制都离不开数据分析绘图软件，本章将学习了解这类软件的基本功能与用途。

5.1　数据分析软件 Origin 概述

数据分析软件（data analyzing program）主要是能进行数据分析、处理与转换的应用软件。当前流行的图形可视化和数据分析软件有 Excel、Origin、MATLAB、Mathmatica 和 Maple 等。这些软件功能强大，可满足科技工作中的许多需要。

Origin 最初是一个专门为微型热量计设计的软件工具，由 MicroCal 公司开发，主要用来将仪器采集到的数据作图，进行线性拟合以及各种参数计算。1992 年，Microcal 软件公司正式公开发布 Origin，公司后来改名为 OriginLab。Origin 使用简单，采用直观的、图形化的、面向对象的窗口菜单和工具栏操作，全面支持鼠标右键、支持拖曳方式绘图等（软件主页：http://www.originlab.com/）。

Origin 具有两大功能（图 5-1）：数据分析和绘图。数据分析包括数据的排序、调整、计算、统计、频谱变换、曲线拟合等各种完善的数学分析功能。准备好数据后，进行数据分析时，只需选择所要分析的数据，然后再选择响应的菜单命令即可。基于模板的 Origin 本身提供了几十种二维和三维绘图模板而且允许用户自己定制模板。绘图时，只要选择所需要的模版就行。用户可以自定义数学函数、图形样式和绘图模板，可以和各种数据库软件、办公软件、图像处理软件等方便地连接，可以用 C 语言等高级语言编写数据分析程序，还可以用内置的 Lab Talk 语言编程等。

图 5-1　Origin 软件

5.2 Origin 界面简介

5.2.1 Origin 常用术语

Origin 工作界面（图 5-2）主要包含菜单栏（Menu）、工具栏（Toolbar）、项目管理器（Project Explorer）以及一些窗口，如工作簿窗口、图形窗口等。工作簿窗口负责数据的导入、处理与分析。图形窗口展示绘制的图形元素。

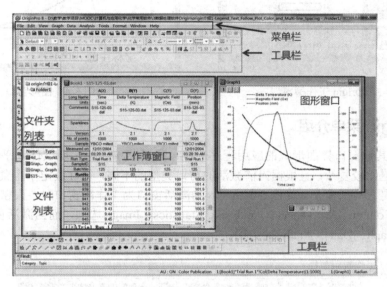

图 5-2 Origin 工作界面

运行 Origin 后看到的第一个窗口就是工作簿（Workbook）窗口（图 5-3）。工作簿是指数据表的集合，它可以包含多个工作表（Worksheet）。工作表是 Origin 最基本的子窗口，由多个单元格组成的数据行列（Column）构成，其主要的功能是组织处理输入、存放和组织 Origin 中的数据，并利用这些数据进行导入、录入、转换、统计和分析，最终将数据用于作图。每个工作簿中的工作表可以多达 121 个，而每个工作表最多支持 100 万行和 1 万列的数据。单元格可分为白色的和淡黄色的，白色单元格为输入数据的地方；淡黄色单元格为数据列的注释说明，可显示文本、单位、缩略图等注释说明。

Origin 中的图形是以绘图（Graph）窗口的形式显示的。绘图窗口是 Origin 中最重要的窗口，是把实验数据转变成科学图形并进行分析的空间，用于图形的绘制和修改。Origin 共有 60 多种作图类型可以选择，以适应不同领域的特殊作图要求，也可以很方便地定制图形模块。

如图 5-4 所示，每一个 Graph 窗口都包括一组 XY 坐标轴（3D 图是 XYZ 坐标轴），一个或更多的数据图以及相应的文字和图形元素，一个图可包含一个或多个图层。图层（Layer）是 Origin 中的一个很重要的概念。一个典型的图层一般包括三个元素：坐标轴、数据图和相应的文字或图标。Origin 将这三个元素组成一个可移动、可改变大小的单位，叫作图层，一页可最多放 50 个图层。图注（Legend）是对系列数据图形的注释说明；坐标刻度（Tick）与坐标主题（Title）两者均为对坐标轴的描述。坐标刻度（Tick）为坐标轴上显示的刻度；主题（Title）为坐标轴的名称。

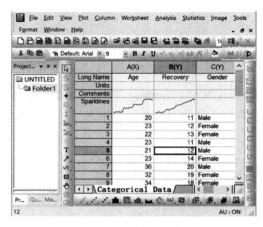
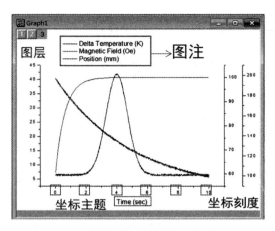

图 5-3　Origin 工作簿窗口　　　　　　　　图 5-4　图形窗口

5.2.2　Origin 菜单介绍

Origin 与其他窗口界面形式的应用程序一样，通过菜单能够实现软件几乎所有的功能。Origin 菜单多也比较复杂，且根据当前激活的窗口类型的不同，往往决定了主菜单、工具栏能否选用，内容是否有所变化。如图 5-5 所示，当激活窗口为工作簿窗口时，大家可以看到主菜单栏有 Plot、Column、Worksheet、Analysis、Statistics、Image 选项，而当激活窗口为图形时，菜单中则是 Graph、Data、Analysis 选项。

图 5-5　Origin 主菜单

接下来将介绍其中几个主要的菜单：

File 文件菜单：其功能有打开文件、输入、输出数据图形等。

Edit 编辑菜单：其功能包括数据和图像的编辑等，比如复制、粘贴、清除等，特别注意 undo 功能。

View 视图菜单：其功能为控制屏幕显示。

Plot 绘图菜单（图 5-6）：主要提供多种二维、三维绘图样式以及统计图、面积图、极坐标图等。二维绘图样式包括直线、散点、直线加点、条形图/柱形图、多曲线绘图；此外，Origin 还提供多种绘图模板。

数据列（Column）菜单（图 5-7）：对数据列进行设置与编辑，比如设置列的属性，增加、删除列等。

工作表（Worksheet）菜单（图 5-8）：设定工作表范围，编辑工作表，编辑工作表数据。

分析（Analysis）菜单（图 5-9）：对选定数据进行分析处理，如数学运算、数据编辑、数据拟合、数字信号处理、光谱处理等功能。

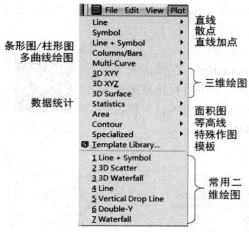

图 5-6　Plot 绘图菜单

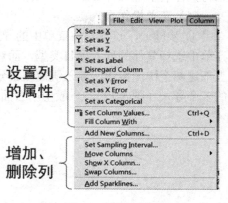

图 5-7　数据列菜单

图 5-8　工作表菜单

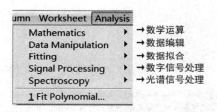

图 5-9　分析菜单

统计（Statistics）菜单（图 5-10）：对选定数据进行统计学分析，如描述统计、假设检验、存活率分析、方差分析等。

图像（Image）菜单：对图片进行编辑处理。

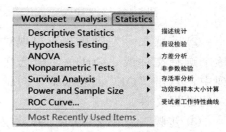

图 5-10　统计菜单

5.3　Origin 的基本使用

Origin 基本使用可大致分为以下三类：数据表操作、数据绘图与数据分析。下面将通过一个实例操作介绍 Origin 的基本使用方法，其中包括数据导入、数据作图与绘制工作曲线。

5.3.1　数据导入

Origin 支持导入的数据类型很多，其中包括 ASCII 文件、CSV 文件、Excel 文件、二进制文件和多种第三方文件，如 pClamp 文件等。

具体导入的操作大致可分 3 种：①通过菜单操作导入目标文件；②直接用鼠标拖曳目标

文件导入；③对于纯文本文件如 txt、CSV、Data 等格式文件，可以直接复制粘贴导入，接下来将具体展示这三种数据导入操作。

（1）菜单操作导入

① 步骤一　点击文件菜单中的导入功能（File→Import），在弹出的导入菜单中选择具体的导入项目类型，而对常见的数据文件，也可直接点击窗口上部这两个快捷按钮，导入快捷按钮分为左边的单个导入（图 5-11）和右边的多个导入（图 5-12），一般使用右面的多个导入方法。

Origin 数据导入

图 5-11　文件导入　　　　　　　　图 5-12　多个文件导入

② 步骤二　左键单击，出现对话框，找到所需要的文件，按住"Ctrl+鼠标左键"逐个选择文件或"Ctrl+A"全选文件，然后单击"Add file(s)"加入下面的选择框队列中，点击"OK"。进入下一对话框前仍可用 Add files(s) 或 Remove file(s) 增减导入的数据文件。

③ 步骤三　单击"OK"后，进入 ImpASC 对话框，对于简单文件头的常用数据文件，由于 Origin 具有一定的格式识别分割能力，除 Import Options 中的 Import Mode 需要选择外，其他可不更改，Import Mode 提供了把新数据加入新行、新列或新表、新工作簿的方法，可按绘图要求自主选择。

（2）拖拽导入

直接拖拽文件进入 Origin 界面，不同文件的数据被加入不同的表格，与方法一 Import Mode 中 Start new sheet 效果一致。

（3）直接复制粘贴

直接复制粘贴数据到工作簿中，值得注意的是，从 Excel 中复制的数据为全精度，与 Excel 中精度设置无关。

数据导入工作簿后页面如图 5-13 所示，从上而下几行分别为"Long Name"（长名称），"Units"（单位），"Comments"（注释），前两个分别对应绘制图样的坐标轴名称、单位，还有的数据会显示有"Sparklines"（迷你图）。迷你图是该列数据相对于序号所作的缩略图。

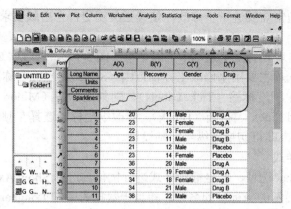

图 5-13　工作表界面

5.3.2　数据作图

选定数据后即可点击相应图标进行绘图操作，绘图工具主图标板如图 5-14 所示。在工作表中选定数据列后，单击绘图图标，即可出现绘制图形。常用的作图类型有直线图、散点图、点线图、柱形图等（图 5-15），它们绘出的图形如图 5-16 所示。绘图图标的说明在鼠标移至图标上方时会弹出提示，可根据提示选择相应选项。

图 5-14　绘图工具主图标板

快捷按钮右边，为散点图图标，同样右下角的也具有三角形，左击不放，出现子选项，如垂直线图、泡泡图等不同类型的散点图；右边为点线图，这些功能的说明在鼠标移至图标上方时会弹出提示，可根据提示选择相应选项。

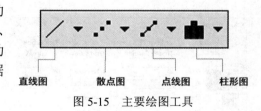

图 5-15　主要绘图工具

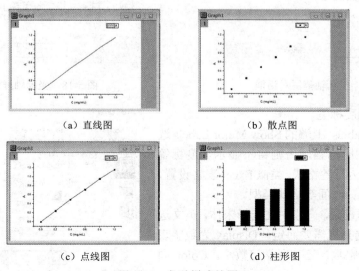

（a）直线图　　　　　　　　（b）散点图

（c）点线图　　　　　　　　（d）柱形图

图 5-16　各种样式绘图

初步做出的图片通常需要进一步修改，使其更美观更符合出版要求。

（1）修改坐标轴

双击横坐标轴，出现具有七个选项卡的对话框（图5-17），这时候 Scale 处于选定状态，这个选项主要用来修改坐标轴范围（Scale）、坐标名称及格式（Title&Format）、主刻度标签（Tick Labels）、副刻度标签（Minor Tick Labels）、网格线（Grid Lines）、折断（Break）。修改纵坐标轴选择左侧选择列表框中的 Vertical 项，即可切换到纵坐标轴设置。

Origin 图形绘制

（2）优化坐标轴样式

切换到 Title&Format 选项，对坐标轴样式进行优化。选择 Show Axis & Ticks 控制坐标轴的显示。Title 文本框显示的坐标轴的名称，相当于数据表中的 Longname 项加上 Unit 项，如果在这里输入文本，则会覆盖原数据表中定义的名称和单位。Color 项可以选择坐标轴的颜色。

在 Thickness 中可以控制坐标轴的粗细，这个在输出图片时尤为重要，在不影响图样的精度下保证图样的清晰度，太粗和太细输出效果都不会太好。Major Tick Length 为主刻度长度，当主刻度长度变化时，次刻度长度也随之改变。

右边 Major Ticks 是分别对主刻度与次刻度方向进行调整，下拉列表中共有四个选项对应四种刻度样式，分别为里外（In&Out）、里（In）、外（Out）、无（None）。接着是 Axis Position 选项，调整坐标轴位置，一般绘图可略过。

Apply To 框内的四个选项勾选后会根据选择框下拉表给出的应用范围对后面的绘图自动加上相同的设置，极大提高了作图效率。如果要对其他三个坐标轴进行设置，在左侧的 Selection 选择框中选择切换。坐标轴样式对话框见图5-18。

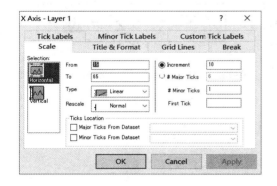

图5-17　坐标轴范围对话框

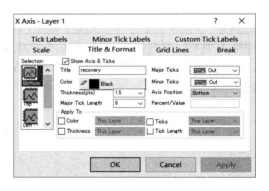

图5-18　坐标轴样式对话框

（3）修改刻度标签

单击 Tick Labels 上端的 Show Major Labels 选择框时可激活刻度标签，否则将不显示刻度标签（图5-19）。Type 为标签格式，类似 Excel 表格设置，具有文本、数字、时间等格式类型。

Font 为字体设置，一般中文选择宋体，英文选用 Arial，具体选择视需要而定。Display 为数字表示格式，小数、整数，还有科学记数法。Color 同样是设置颜色。

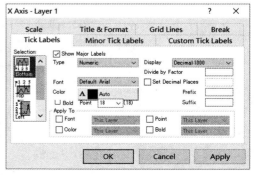

图5-19　刻度标签对话框

同样地，对 Minor Tick Labels 进行修改，首先激活标签，勾选 Enable Minor Label 即可，右边的 Other Options 控制是否给坐标值加上正负号，默认只选择负号。

如果要对坐标轴的标题进行修改，直接左键双击标题进入编辑模式，在软件界面左上角有与 Office 类似的文字工具栏（图 5-20），可以对文字进行修改，或者右键单击弹出选择列表，找到 Properties，弹出坐标轴标题的细节设置，进行相应的设置。

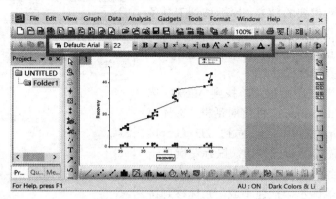

图 5-20　标题文字编辑

（4）曲线调整

双击曲线，弹出 Plot Details 对话框（图 5-21），Line 选项卡下 Connect 为数据点连结方式，如直线、曲线、阶梯线等；Style 为线型，如实线、虚线、点线等，Width、Color 与 Transparency 分别为线宽、颜色及透明度。

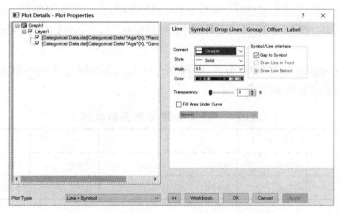

图 5-21　作图对话框

（5）文件保存。

左上角菜单"File""Save Project"即可保存整个工程文件，或者使用组合快捷键"Ctrl+S"保存。在实际操作中，为避免未知错误导致程序崩溃造成数据丢失，要养成随时保存的好习惯，最快捷简单的方法就是使用"Ctrl+S"快捷键。

也可将图片保存为 jpg 等格式。点击菜单栏"File""Export Graphs"，在弹出窗口时选"Image Type"，在下拉列表中就可以选导出的格式，比如.jpg 格式。当然也可以导出为其他格式，如.eps、.pdf、.png、.tiff 等文件类型。

如果要将图片复制到 Word 中可以在图形窗口直接点击鼠标右键，在弹出的菜单中选择

Copy page，然后在 Word 中之间粘贴即可。

（6）个性化界面设置

可通过个性化界面，设置显示自己常用的功能菜单，给自己一个舒适的操作环境，具体操作如下：Origin 的按钮都是集中在工具条中，这些工具条都可以拆卸下来，放到想要的地方。鼠标移到工具条首也就是有四个小点的地方，这时鼠标指针变为十字箭头型，鼠标左键按下不放，即可拉出工具条。个性化界面设置见图 5-22。

对于添加按钮，在左上角菜单找到 View，选择 Toolbar，弹出 Customize 个性化对话框，选择第二个 Button Groups 选项卡，拉到 2D Graphs Extended，找到所需的瀑布图按钮，鼠标左键单击拖出。可以单个拖到界面成为一个工具条；也可以加入其他工具条，鼠标左键拖住不放，光标移到待加入工具栏上方，待插入的地方出现一条黑色竖杠，放开鼠标，按钮便添加成功。

图 5-22　个性化界面设置

5.3.3　绘制工作曲线

在工作学习中，常常需要对数据进拟合分析，找出其中蕴含的规律。线性回归拟合是接触比较多的统计学分析方法，如物化实验中的燃烧焓测定、塔菲尔曲线、反应动力学拟合等一系列实验。下面以绘制分光光度法工作曲线为简单示例，介绍如何用 Origin 进行工作曲线的绘制与线性拟合。

分别移取 0.200mg/mL 标样 0～5mL 稀释至 25mL，待测样品 3.0mg 稀释至 25mL，进行紫外分光光度测量得到以下数据（表 5-1）。

表 5-1　芦丁含量检测实验数据

项目	1	2	3	4	5	6	样
浓度（c）	0	0.200	0.400	0.600	0.800	1.00	c_X
吸光度（A）	0	0.240	0.491	0.712	0.950	1.156	0.845

根据芦丁含量测量，请利用 Origin 绘制工作曲线，求出待测样品浓度 c_X。

可以采用以下基本步骤：①将实验数据输入 Origin 工作表中；②根据输入工作表数据，绘制某种样式的图形；③对数据进行线性拟合与结果输出。具体做法步骤如下。

（1）数据导入

双击"Origin"图标，打开该软件，Origin 默认的是出现一个工作簿窗口 Book1，其中包含 1 个名为 Sheet1 的工作表，工作表里包含 2 个数据列。Origin 默认 X 轴数据为第一列数据，如 $A(X)$，以后列为 y 轴数据，如 $B(Y)$。想要增加列，可以在 Workbook 灰色区点击鼠标右键，在出来的选项中选择"Add New Column"，就可以了。

接下来设定 X、Y 轴数据。在黄色标记的行中可以输入一些文本信息，如坐标轴名称、单位、注释等。因为工作曲线为吸光度对物质浓度作图，所以在纵坐标 B(Y) 列的名称"Long Name"中输入吸光度 A；在横坐标 A(X) 列名称中，输入物质浓度 c；然后在单位"Units"中，输入横坐标单位 mg/mL；纵坐标吸光度没有单位，不用输入。

接下来在白色的数据区，手动输入相应的实验数值。这样，实验数据就被手动输入至工作表中了（图 5-23）。

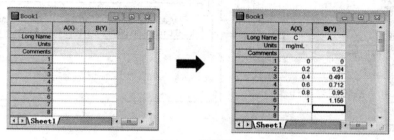

图 5-23　数据输入

（2）绘制图形

以 Y 列数据对 X 列作图操作如下：单击鼠标选取要作图的 Y 列数据（Origin 默认第一列数据为 X 轴数据，所以单选 Y 列数据即可）。选取数据后，接下来选取绘图样式，Origin 提供了丰富的绘图样式，它们都以图标的形式呈现在工具栏中，只需点击工具条中的某一图形样式即可。常见的图形样式有：直线图、散点图、点线图、柱形图等。点击各图标的下拉栏，将会出现更多样式。

在这里需要做线性拟合，所以选取散点图。单击图标，一个散点图就以一个图形"Graph"窗口的形式出现了（图 5-24）。可以缩小或放大这个窗口，图形窗口里包括 1 个图层，其中要素有 X、Y 轴坐标，坐标名称，坐标刻度，以散点形式表现的数据图形与图注。

（3）数据分析与输出

接下来要将数据进行线性拟合得到工作曲线，线性拟合请点击菜单栏：Analysis→Fitting 拟合→Linear Fit 线性拟合→Open dialog，在出来的窗口中点击"OK"，这时会看到拟合出的直线，这条直线就是标准工作曲线。此外，还出现线性拟合方程参数的列表，工作表中也会出现一个新的线性拟合工作表（图 5-25）。在名为 Summary 的表格中，显示了线性回归方程的斜率、截距与 R^2 值等。将未知样品吸光度 y=0.845 带入工作方程，就可以计算得到样品的芦丁含量了。线性拟合结果见图 5-26。

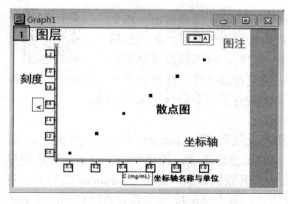

图 5-24　散点图

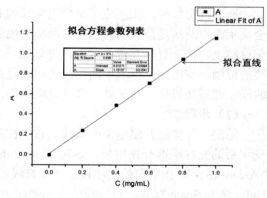

图 5-25　拟合工作曲线

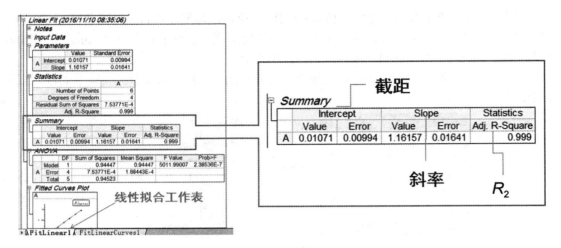

图 5-26 线性拟合结果

芦丁含量的计算过程如下：

由线性拟合得到工作曲线方程为：$A=1.162C+0.0107$

样品吸光度 $A=0.845$

样品芦丁量 $c_X = (0.845-0.0107)/1.162 = 0.718(\text{mg/mL})$

芦丁含量$=0.718/3 \times 100\% = 23.9\%$

最后，可以将整个文档（包括工作表与图形文档）另存为 opj 格式的 Origin 文档，也可只保存图形文档，比如：在图形窗口空白处点击鼠标右键，选择"Copy Page"选项，然后在 Word 文档中使用 Paste 粘贴命令。这样图形窗口的内容就以图片格式被复制到 Word 文档中了。还可以在"File"文件菜单中选取"Export page"，可以输出各种格式的文档，比如数据表格式的或者图形格式的文档。

5.3.4 区域性拟合

以上简单实例介绍了对所有数据进行一项线性拟合，但有时可能遇到一些较为复杂的情况，如需要选择性地对某些数据分别进行线性拟合。下面将以极化曲线拟合步骤为例，介绍如何选择数据进行线性拟合操作。

（1）步骤一

选取特定数据，在左边菜单栏里面找到 Data Selector 图标并点击，图上会显示两根两端是箭头的直线，这两根直线之间的区域为选择区，将光标移至直线上，按下鼠标左键不放即可拖动直线（图 5-27）。将两根直线移至需要的范围，双击定位就选中两直线之间的数据，像之前的操作一样得到拟合曲线。然后在极化曲线另外一端重复此操作，这时便有了两个拟合出来的直线。

Origin 区域拟合

（2）步骤二

绘制一条穿过开路电位的直线。首先在菜单栏上找到 Data Reader 并点击（图 5-28），将变化后的光标瞄准开路电位，这时 Data Info 窗口就会出现该点的横坐标。点击左菜单栏里"Arrow Tool"，在空白处随便拉出一条直线，双击打开设置界面，点击 Coordinate 选项卡，将 Units 选为 Scale 模式，对直线的首尾坐标进行修改，单击 Apply 可以看到直线移到所要的地方，使之通过开路电位的最低点。点击"Arrow"，把 Begin 与 End 的 Shape 改成直线模式，去掉箭头。点击"Line"，在 Type 中选择虚线，再调下宽度，一条辅助线就完成了。总的来说，就是两点确定一条直线。

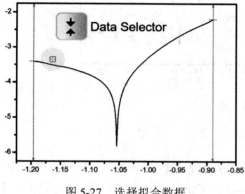

图 5-27 选择拟合数据　　　　　　　　　　图 5-28 读取数据

（3）步骤三

延长两条拟合曲线，使两个拟合直线能交汇在辅助线上。双击拟合曲线上粉红色的竖箭头，调出这段拟合曲线的设置对话框，找到 Fitted Curves Plot 并展开，在选项中找到 X Data Type 并展开，把 Range 下拉表选项改为 Custom，这时下面出现 Min 与 Max 显示的数值为拟合曲线两个端点的横坐标。我们把 Auto 选项勾掉，修改坐标，点击"OK"，这时可以看到延长线已经与辅助线相交。同样地延长另外一边与辅助线相交（图 5-29）。

（4）步骤四

调整拟合区域，使三条线交于一点。同样地双击竖箭头调出 Linear Fit 对话框，点击"Input Data"选项中的这个小图标，进入数据选择模式，拉动竖线微调拟合区域后，点击小窗口上面的图标确定返回（图 5-30）。由于每次选择区域拟合后之前的延长线都会被清除，因此还需要回去延长拟合曲线。点击"OK"，可以看到两条

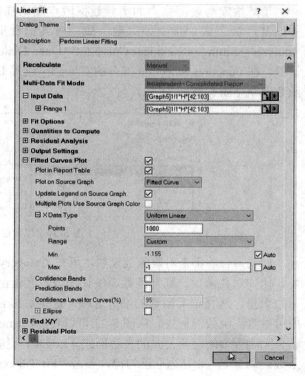

图 5-29 延长拟合直线

延长线比刚刚近了一点。多次微调后，就可以使三线交于一点，再按拟合曲线给出的参数表中读出斜率等参数。

简单归纳一下线性拟合过程，就是选择区域与拟合两大过程。其中的烦琐运算则是由 Origin 的内置函数完成，只需要进行简单的操作就可以得出结果，十分高效便捷。

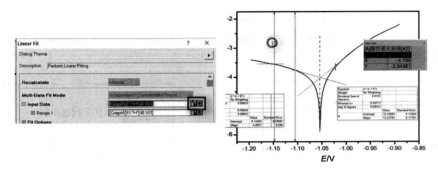

图 5-30 调整拟合区域

5.3.5 非线性拟合

当数据不能处理为线性关系时，需要除线性拟合以外的非线性拟合功能，针对这种情况，Origin 为我们提供了功能强大的非线性函数拟合 Nonlinear Curve Fit。下面以两个例子展示非线性函数拟合的基本步骤。

（1）函数拟合

丁醇浓度与表面张力的实验数据散点图见视频，这些数据满足希什科夫斯基经验公式，是一种对数函数。对其拟合步骤如下，工具栏依次选 Analysis→Fitting→Nonlinear Curve Fit→Open Dialog，打开 NoneLinearFit 对话框，在 Function Selection 部分的 Category 选择 Logarithm 对数函数。拟合函数选项见图 5-31。

Origin 其他拟合

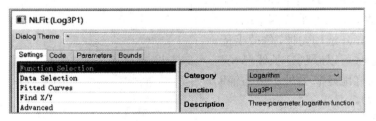

图 5-31 拟合函数选项

如要拟合的不是对数函数模型，可在 Category 下拉栏按自己的需要选择相应基本函数模型，比如对数函数、高斯函数、统计函数、光谱函数等。选定基本函数类型后可在 Function 下拉表里，选择该类函数的细分选项，选定后拟合曲线会出现在原图中，在下面的 Formula 中可以看到函数的形式。从图 5-32 可以看出，Bradley 与 Log3P1 函数对散点拟合程度不错，结合刚刚查询的经验公式的表达形式，Log3P1 更能满足要求。接着点击"Parameters"，修正系数。确保 Fixed 复选框已勾掉，点击"Fit Till converged""Fit Curve"按钮，软件就会对拟合的散点自动优化，可以看到函数之前的系数已经改变。点击"OK"确认拟合结果，即可得到拟合曲线和参数列表。拟合函数的选择。

小结一下非线性拟合，首先根据实际情况找到可能的函数模型，然后在 Origin 上找出相应函数模型甚至创建模型，最后进行拟合得到参数列表。

（2）峰拟合

峰值拟合常用于各种谱图的解析，比如在复杂谱图的解析中，各种组分峰可能交叉甚至重叠。这时候,需要将重叠的峰合理拆分,以方便研究。比如,元素种类及电子轨道的不同在 XPS 谱图中会出现不同的峰,同种元素的不同轨道往往紧凑甚至重叠一起,需要分离出不同轨道对应的响应峰以满足研究的要求。下面以一张 X 射线光电子能谱为例,展示如何利用 Origin 进行分峰拟合。峰拟合对话框见图 5-33。

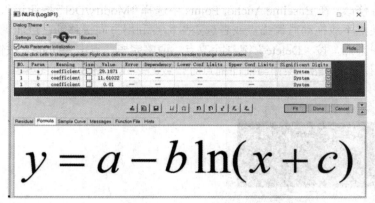

图 5-32 拟合函数的选择

① 谱线平滑处理 原始谱图噪声大,可以先对曲线进行平滑处理,打开菜单→Analysis→Signal Processing→Smooth→Open Dialog,弹出平滑对话框,确认,使用默认设置,原图出现一条平滑曲线,并且数据表中也加入该平滑曲线的数据。

② 基线设定 打开菜单 Analysis→Peaks and Baselines→Peak Analyzer,弹出拟合分析界面。根据目标不同,在 Goal 选项中选择不同的目标,界面上端会显示出流程。这里选择 Fit Peak Pro,点击"Next"进入 Baseline Mode 流程设定基线。在 Baseline Mode 中选择 User Defined,进入自定义基线模式。将 Enable Auto Find 勾掉,点击"Add"进入标线界面,在可能是基线的区域双击左键定义基线。自定义基线选择见图 5-34。

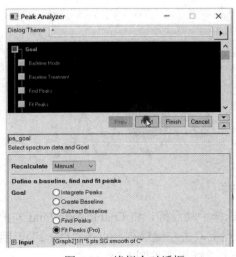

图 5-33 峰拟合对话框

图 5-34 自定义基线选择

画出基线的轮廓后点击小窗口上的"Done"按钮回到界面,点击"Next"进入 Create Baseline,这时可以看到基线已经显示出来了。在实际情况中,基线往往是曲线,因此 Interpolation Method 将基线连接方式调为曲线 Spline 或 BSpline(图 5-35)。

③ 基线调整 若发现做出来的基线与曲线相交,这是不符合实际情况的,我们需要对刚刚锚定的点进行修改。在 Baseline Anchor Points 中选择"Modify/Del"按钮进入修改删除模式,可以通过左击某点不放拖动微调锚点或者选定坐标点利用方向键移动,进而调整基线的位置,也可以点击选中某点,按"Delete"键删除改点。调整完毕,点击"Done"按钮返回。如果需要加点,则使用 Add 功能,操作与前面锚点时一致。基线调整效果见图 5-36。

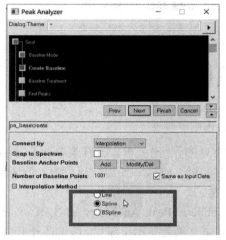 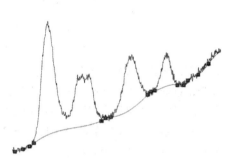

图 5-35　修改基线为曲线　　　　　　　　图 5-36　基线调整效果

④ 基线扣除 点击"Next"进入 Baseline Treatment 模式,如果需要扣除基线,点击"Substrate Now"即可得到扣除基线的谱图,若不需要扣除,选择"Undo"取消,再点击"Next"进入 Find Peak 模式。基线扣除见图 5-37。

 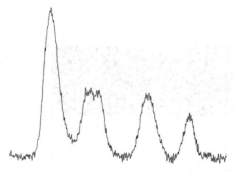

图 5-37　基线扣除

⑤ 手动寻峰 在噪声峰比较多的情况下,应该选择手动寻峰,将 Enable Auto Find 勾掉,点击下面的"Add"进入寻峰模式,在可能的峰的顶点上双击左键锚点。点击"Done"返回,可以看到刚刚标出的峰位置。点击"Next"开始拟合。寻峰界面见图 5-38。

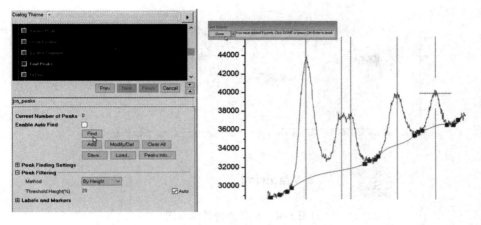

图 5-38　寻峰界面

拟合分峰以及叠加峰都出现在图 5-39 上，可以看到 945 这个峰与拟合峰有一定差别。这时就需要我们去微调分峰。点击"Modify/Del"进入界面。对锚点进行微调移动甚至删除，使拟合出的叠加曲线能与实际曲线相吻合。

值得注意的是，有时现实不存在的峰可以在拟合中创立，甚至能完美契合实际曲线，然而这样的分峰是毫无意义的，无论是测试误差还是拟合时的主观操作如定基线等，都可能会导致这种假象的出现。拟合是基于现实的，但现实不是拟合出来的。

如果中途要添加峰，同理点击"Add"进入修改，双击添加位置锚点，拖动或使用方向键微调，从而使叠加曲线贴合实际曲线。

拟合完成后点击"Finish"，得到 Peak Analysis

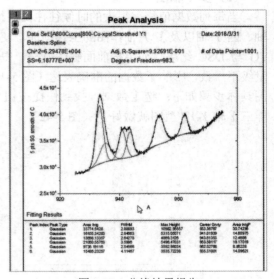

图 5-39　分峰结果报告

报告，里面有峰的面积、半高宽、最高点等一系列的参数。点击选中其中一条曲线，右键弹出菜单，选择 Go to 即可打开拟合数据表，可以用这些数据重新绘制拟合图形。

5.3.6　叠图与多 Y 轴图的绘制

（1）叠图的绘制

在研究工作中经常需要对好几组谱图数据，比如红外光谱图、质谱图、X 射线衍射图谱等，进行展示和对比，这时还使用单个绘图样式就不合适了，可以利用叠图，如 Y 轴错距叠曲线图或瀑布图来表现、对比数据的细节。具体操作如下：选定数据，找到 Y 轴错距叠曲线图图标 Stack Lines by Y Offsets 并单击，一张二维的用于数据对比的叠图便完成了。如果需要立体图片，找到带有 Waterfall 瀑布图标识的系列快捷键，便可得到不同的三维瀑布图。红外光谱的 Y 轴错距叠曲线图和瀑布图见图 5-40。

Origin 瀑布图与双 Y 轴图

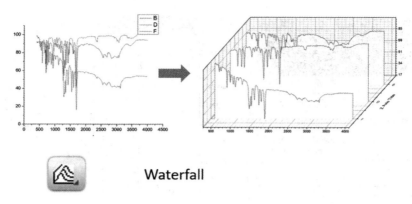

图 5-40　红外光谱的瀑布图

（2）多 Y 轴图

当每列数据值相差很大的时候往往要进行多 Y 轴图形的绘制。Origin 提供了二 Y 轴、三 Y 轴、四 Y 轴以及多 Y 轴作图的工具图标，使用起来十分方便。例如，热重数据里面通常包含 TG 与 DSC 结果，如果按前面叙述方法，得到的只是一个坐标轴上的两条直线，两组数据数量级不一致，影响了数据的准确表达（图 5-41）。这时候三 Y 轴图便可派上用场。制作三 Y 轴图具体步骤如下：选定数据，找到快捷按钮并单击，如果没有就按照前面方法自行添加，这样三 Y 轴 Y-YY 型图就做好了（图 5-42）。

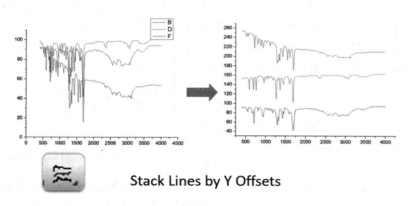

图 5-41　红外光谱的 Y 轴错距叠曲线图

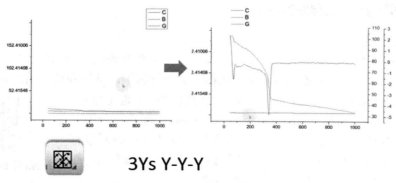

图 5-42　三 Y 轴 Y-YY 型图的绘制

5.3.7 多屏图的绘制

Origin 具有多屏图快速绘制功能，如上下对开图（vertical 2 panel）、左右对开图（horizontal 2 panel）、四屏图（4 panel）、九屏图（9 panel）、叠屏图（stack）与多屏图（multiple panel）。

Origin 组图

（1）快捷键制作组图

通过点击快捷按钮制作组图最为简单，这里有 2、4、9 屏作图形式选择，这些按钮也可通过个性化定制，同样在 Button Groups 选项卡里面的 2D Graphs Extended 里面寻找：View→Toolbars→Button Groups→2D Graphs Extended。多屏图快捷键见图 5-43。

选定要排列的数据，按数据图个数选择屏图不同的按钮，组图的排列顺序按数据从左往右数是从左到右、从上到下，并且软件会补足欠缺的数据，比如选择 4 panel 绘制三组数据时会自动补上一组空白数据。

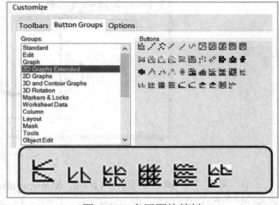

图 5-43 多屏图快捷键

（2）Merge 菜单制作组图

① 步骤一　点击左上角 Graph→Merge Graph Windows→Open Dialog，弹出 Graph Manipulation 对话框，在 Merge 下拉表框中选择 Specified 方式，自定义组合（图 5-44）。其他方式均为自动按一定顺序排列图片，受制于工程管理界面中的文件排列顺序。Merge 菜单制作组图见图 5-44。

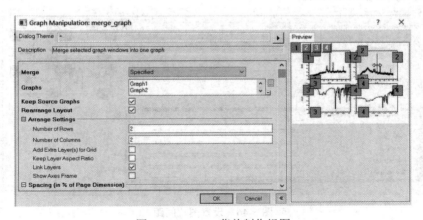

图 5-44 Merge 菜单制作组图

② 步骤二　在 Arrange Settings 按需要的行列数设置图片组合，在对话框右侧的预览中可以看到合并后图片的分布。

当选择为 Specified 方式时，下一行的按钮将会启用，单击进入 Graph Browser 对话框，利用加入（>>）与移除（<<）按钮对需要组合的图片进行选择，选择图片时，对话框下会相应地出现预览，防止选择错误，其中要注意的是，图片从上往下对应组合后按从左到右、先上后下的顺序排列。图片浏览框见图 5-45。

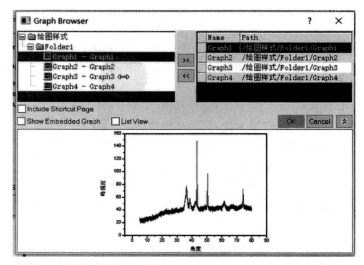

图 5-45　图片浏览框

③ 步骤三　确认后退回 Graph Manipulation 对话框，这时候右边的预览则清晰显示出组合预览，确认无误后，展开 Spacing，通过 Horizontal Gap 与 Vertical Gap 对小图的行距与列距进行修改，预览图也会跟随修改变动。如果有需要，可以在往下的 Margin 对上下左右边缘的空白进行设定。

④ 步骤四　Page Setup 里可以设置图片方向、宽高，在 Unit 中可以选择图片的距离单位并应用到整个图片。图片间距的设置见图 5-46。

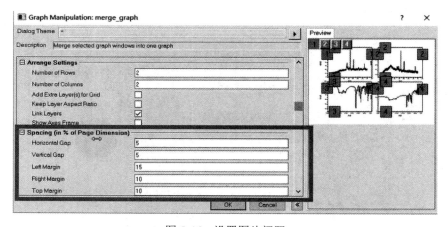

图 5-46　设置图片间距

（3）新建布局 Layout 功能制图

① 步骤一　在资源管理器界面找到 Name，可以看到这个工程文件里包含的数据表及图片的名字列表。右键单击空白处，在弹出菜单中选择 New Window→Layout，建立一个新布局（图 5-47）。

② 步骤二　单击进入图层，右键单击弹出菜单，选择 Add Graph，弹出 Graph Browser 对话框，选择要加入的图片，确认后图片便可被加入布局图层，可以拖动调节图片大小，也可以右击图片选择 Properties，在 Dimensions 选项中设置图片长宽（图 5-48）。

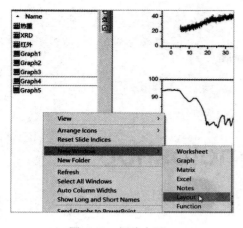 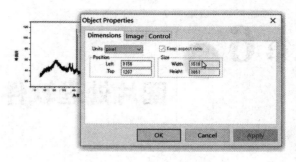

图 5-47　新建布局　　　　　　　图 5-48　设置图片长宽

③ **步骤三**　然后添加其他图片，如法炮制，选定图片拖动组合，各种排列都可以很方便地完成，并且还可以通过右键单击空白处弹出菜单，选择 Insert Images From Files 选项以插入来自文件的图片，操作与上述一致。

小结：通过本章对重要数据分析软件的介绍，了解 Origin 的定义功能，熟悉 Origin 操作界面和基本使用方法。通过示例，介绍了如何利用 Origin 进行线性、非线性拟合以及不同样式的图形绘制。

思考题

1. Origin 进行数据运算的具体步骤有哪些？
2. 如何利用 Origin 绘制多层图形？
3. Origin 绘图模板里提供了哪些样式的绘图？

第 6 章 图片处理软件 Photoshop

有道是"一图抵千言",科技论文中图像不仅表达力强,便于理解,而且对比强烈,便于分析,是结果表述的重要形式。图像包括线条图和照片图等,以直观的方法使读者迅速理解事物的形态、结构、变化趋势及其特点,可以缩减烦琐的文字描述。有时插图可以把文字难以表达清楚的情况描绘得一目了然,有些实物照片还具有客观证明的作用。

但作为科技论文的"形象语言"与"视觉文字",图片必须使用规范的表达方法,要注意使用相应学科的专业符号。图片质量的好坏决定了论文修改的工作量,并且一定程度上决定了论文能否被录用。有位论文审稿人在自己的博文中写道:"我审稿时看稿件的顺序是题目、摘要、图表、前言、参考文献和正文"。可见论文中图片的质量是非常重要的,处理一张图可能会花费大量的时间。本章内容将结合论文写作经验,介绍一下科技论文中图片的处理方法与一种强大的图片处理软件 Photoshop,为大家能写出更完美的论文提供一些参考。图片处理软件的内容见图 6-1。

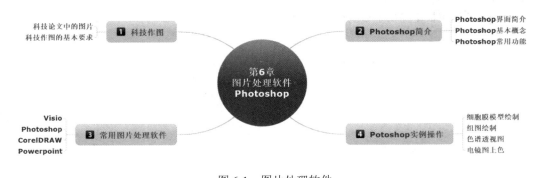

图 6-1 图片处理软件

6.1 科技作图

6.1.1 科技论文中的图片

图片是科技论文中常用的形象而直观的表述内容,是科技论文的重要组成部分(图 6-2)。

处理一张图可能会花费大量的时间，图片质量的好坏一定程度上决定了论文能否被录用。目前期刊论文也越来越注重多媒体在科技论文中的应用。越来越多期刊要求科技论文除了正文中的图片外还需要提供摘要图片，即 Abstract Graph。因此，在论文编辑过程中，对图表要进行认真的审理和修改，甚至重新设计和编排，以保证科技论文内容的准确性与科学性，以及编排格式的规范化与标准化。

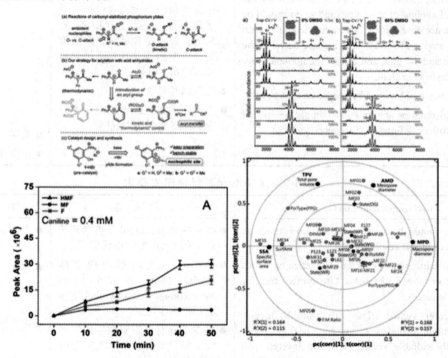

图 6-2　科技论文中的图片

6.1.2　科技论文图表规范

首先看一则案例，表 6-1 和表 6-2 是国际顶尖期刊《Nature》对论文投稿中图表的要求部分，从中分析提取一些在论文投稿时图表要注意的要点，并对其中部分要点进行介绍。

表 6-1　《Nature》图表基本要求

General Figure Guidelines	基本图表要求	要求要点
● Use distinct colors with comparable visibility and consider colorblind individuals by avoiding the use of red and green for contrast. Recoloring primary data, such as fluorescence images, to color-safe combinations such as green and magenta, turquoise and red, yellow and blue or other accessible color palettes is strongly encouraged. Use of the rainbow color scale should be avoided.	● 使用差异性明显的颜色（考虑到色盲群体要避免使用红色、绿色为对比色）。可对荧光图像等原始数据重新上色，强烈推荐使用颜色安全组合比如绿色、品红，蓝绿色、红色，黄色、蓝色	● 图表颜色
● Use solid color for filling objects and avoid hatch patterns.	● 使用单色填充对象，同时避免使用阴影图案 ● 避免背景阴影	● 图表填充

General Figure Guidelines	基本图表要求	要求要点
● Avoid background shading. ● Figures divided into parts should be labeled with a lower-case, boldface 'a', 'b', etc in the top left-hand corner. Labeling of axes, keys and so on should be in 'sentence case' (first word capitalized only) with no full stop. Units must have a space between the number and the unit, and follow the nomenclature common to your field. ● Commas should be used to separate thousands. ● Unusual units or abbreviations should be spelled out in full, or defined in the legend.	● 含有子图片的要在子图片左上角标上小写字母，如加粗的'a'、'b'等。坐标轴标签、人名等的句子首字母一个大写（仅第一个字母大写），且该句末不需要句号。在数字和单位之间必须有一个空格，并且要遵循学科领域的命名规则 ● 使用逗号隔离 ● 不常用的单位或者缩写应该写全称或者在图注中说明	● 图表背景 ● 图名标注 ● 数字 ● 单位和缩写

表 6-2 《Nature》终稿图表要求

Final Figure Submission Guidelines	终稿图表要求	要求要点
● Images should be saved in RGB color mode at 300dpi or higher resolution. ● Use the same typeface (Arial, Helvetica or Times New Roman) for all figures. Use symbol font for Greek letters. ● We prefer vector files with editable layers. Acceptable formats are: .ai, .eps, .pdf, .ps, .svg for fully editable vector-based art; layered .psd or .tiff for editable layered art; .psd, .tif, .jpeg or .png for bitmap images; .ppt if fully editable and without styling effects; ChemDraw (.cdx) for chemical structures. ● Figures are best prepared at the size you would expect them to appear in print. At this size, the optimum font size is 8pt and no lines should be thinner than 0.25pt (0.09 mm).	● 图片应该以 300dpi 分辨率及其以上的 RGB 颜色格式保存 ● 所有图表使用相同的字体（Arial、Helvetica 或者 Times New Roman），用 Symbol 字体表示希腊字母 ● 倾向于具有可编辑图层的矢量图。可接受图片格式为完全可编辑的矢量文件，如.ai、.eps、.pdf、.ps、.svg 格式；具有可编辑图层的文件，如.psd、.tiff；位图图像，如.psd、.tif、.jpeg、.png；没有任何样式效果的可编辑.ppt 文件；化学结构文件.cdx ● 图表尺寸设置成你想在印刷期刊上展示的大小。最佳字体大小为 8pt，线条不小于 0.25pt（0.09mm）	● 图片分辨率 ● 字体 ● 图片格式 ● 图片尺寸字体大小、线条粗细

通过总结分析发现，该图表规范主要涉及图表的设计、图片的格式、分辨率、颜色模型、尺寸等。下面分类对论文图表的基本规范的几个要点进行讲解并总结。

6.2 绘图基本概念

图像总体可以分为两大类，矢量图和位图。

矢量图是由数学对象定义的直线和曲线构成，它无论怎样放大都不会失真，不会产生锯齿等。它的特点是文件容量较小，在进行放大、缩小、扭曲变形或旋转等操作时图像都不会失真，而且容易修改，和分辨率无关，适用于图形设计、文字设计、标志设计、版式设计等。矢量图可以缩放到任意大小和以任意分辨率在输出设备上打印出来，且不会影响清晰度。它的缺点是难以表现像照片那样色彩层次丰富的逼真图像效果。

位图（又称点阵图、像素图或者栅格图等）是由一个一个像素点构成的，与图像的分辨率有关，单位面积内的像素点越多分辨率越高，图像的效果也就越好，表现的细节越丰富。位图的缺点在于放大图片时会变模糊，产生锯齿。

越来越多的杂志倾向于接收位图文件，《Nature》对图表的投稿要求是"We prefer vector files with editable layers. Acceptable formats are: .ai, .eps, .pdf, .ps, .svg for fully editable vector-based art"；《Science》明确说明最好使用 AI 绘制矢量图，并且不接受 PPT 绘制的图形，且任何无法被 PS、Macromedia Freehand 或 AI 读取的文件都不接收，"We cannot accept PowerPoint files or files that are not readable by Adobe Photoshop, Macromedia Freehand, or Adobe Illustrator."。

（1）图片格式

杂志社要求的常见的矢量图格式有 .eps、.emf 和 .svg 等。常见的位图格式有 .tiff、.bmp、.pcx、.gif、.jpg 和 .png 等。

（2）像素和分辨率

位图图像质量主要取决于图像的分辨率与颜色种类（位深度）。图像的分辨率（image resolution）是图像中存储的信息量，是每英寸图像内有多少个像素点，分辨率的单位为 ppi（pixels per inch，每英寸像素，图像分辨率）和 dpi（dots per inch，每英寸点数，打印分辨率）。

一般而言，在不超出期刊投稿的最大文件大小下，尽量使用高分辨率的图片，以免引起退稿修订等不必要的麻烦。

（3）图片颜色模式

图片的颜色模式是将某种颜色表现为数字形式的模型，换句话说就是一种记录图像颜色的方式。图片的色彩模式主要分为两种：RGB 和 CMYK，其中 RGB 用于数码设备上；CMYK 为印刷业通用标准。

RGB 色彩模式是工业界的一种颜色标准，是通过对红（red）、绿（green）、蓝（blue）三个颜色通道的变化以及它们相互之间的叠加来得到各式各样的颜色的，RGB 即是代表红、绿、蓝三个通道的颜色，这个标准几乎包括了人类视力所能感知的所有颜色，是目前运用最广的颜色系统之一。

CMYK 模式是印刷时常使用的一种颜色模式，由青、洋红、黄和黑 4 种颜色按照不同比例混合而成。CMYK 模式包含的颜色比 RGB 模式少很多，所以在屏幕上显示时会比印刷出来的颜色更加丰富。

多数期刊在稿件接收出版（manuscripts accepted for publication）阶段会要求图片为 CMYK 色彩，但现在很多期刊都是有网络版的，且 RGB 图比 CMYK 图表现出的效果好，色彩亮丽，更适合出现在网络上。而由 RGB 模式转变为 CMYK 模式容易，但是由 CMYK 模式转变为 RGB 模式，图像的表现力却会下降。所以很多期刊都逐渐接受 RGB 颜色模式的图片。

（4）严谨的标注

图片必须有严谨的标注。每一个图表都必须有图号和图名、表号和表名，图号和图名放在该图下方，表号和表名放在该表的上方，并且文章中出现的插图在正文中一定要有文字提到每一张图。其次，图中横纵坐标标目、标值、单位都要标注清楚；主次刻度不要过多或过少，多曲线或多峰值注意添加标注。最后图题及图内注释均以要求的语言列出，还要注意有效数字的选取，坐标原点的标注。

（5）图片格式与大小

还需注意要按期刊要求提供合适的图片格式。比如常用图片格式有.eps、.pdf、.tiff、.jpeg或.png格式。期刊规定图片中采用的字体需要一致，常用的字体有Arial（或Helvetica）、Courier、Symbol和Times New Roman等。

图片尺寸与分辨率也需严格按照期刊要求。图片尺寸这里指的是图片的物理尺寸（单位是cm×cm，而非像素），用来印刷排版。一般只规定宽度，如neuroscilett规定半幅（单栏）为8.3cm，全幅（双栏）为17.6cm。可通过图像/图像大小，在弹出窗口中修改，注意选择单位为厘米，并勾选按比例缩放。

这里所说的分辨率不是拍照时所说的总像素数，它的单位是dpi（dot per inch），它代表了一英寸中的点数，一般SCI期刊对图片的像素要求有如下内容。

① 拍照的图片（一般是彩图，分辨率不低于300dpi） 包括显微镜、扫描仪及摄像机等所拍照片，这一部分照片就是第一手资料，所以拍过后可能会无法再重复，因此一定要在开始时就拍成高清的（设置成高分辨率），也就是保证了原始图片的高分辨率，接下来处理图片就会比较方便，免得因为图片质量不行而重复实验。

② 由数据生成的图（一般是黑白和点线图，分辨率不低于600dpi） 主要包括各种点线图、柱状图、饼图和各种统计图等。关于如何调整设定图片分辨率，会在后面图片处理软件的使用技巧中讲到。国内杂志一般以黑白印刷为主，绘图时需要注意采用不同的线型、标记等对不同曲线进行区分；国外的杂志相对而言以彩色为好，但须注意颜色的搭配。

（6）多图合并

图片的数量应该符合期刊要求。科技论文出版中图片太多是没有必要的，且会造成重点不突出，因此需要将图片合并或将不重要的图片放在支撑材料中。

越来越多的期刊要求提供图文摘要（图6-3）。图文摘要由一个图和一段文字组成。通过图文摘要，作者可以高度概括论文中的研究内容和主要创新点，吸引读者眼球并能让人快速了解文章。图文摘要的设计首先应该凸显该篇论文的主旨，文字部分言简意赅，图片部分应形象生动并与文字部分相互呼应，在图片当中也可以适当添加醒目的文字说明。一个好的图文摘要会吸引更多的读者，并增加论文成功发表的机会。

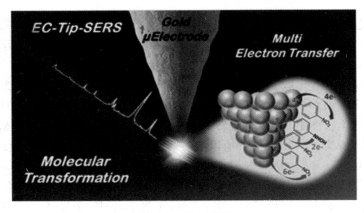

图6-3　图文摘要

常用的图片绘制与处理软件有 Photoshop（Ps）、Visio、Adobe Illustrator、Microsoft Office 中的 PowerPoint 等软件。其中 Photoshop 图片处理软件是功能最强大的一种；Visio 是微软公司推出的一款矢量绘图软件，可以将图片保存成 .tiff、.bmp、.jpg、.emf、.eps 等格式。在利用这些软件进行图片处理时一定要注意的是不能利用任何手段篡改原始数据。常用的图片处理软件见图 6-4。

图 6-4　常用的图片处理软件

在众多图像处理软件中，Photoshop 是 Adobe 公司开发的世界上最畅销的跨平台的平面图像处理软件之一，该软件以其功能强大、集成度高、适用面广和操作简便而著称于世。Photoshop 软件由 1987 年研究生在读的 Knoll 两兄弟创立。1990 年 2 月，Adobe 公司推出 Photoshop1.0，迄今为止一直不断更新，2019 最新版本为 Photoshop CC2019。

6.3　Photoshop 简介

Photoshop 不仅提供强大的绘图工具，可以绘制艺术图形，还能从扫描仪、数码相机等设备采集图像，对它们进行修改、修复，调整图像的色彩、亮度，改变图像的大小，还可以对多幅图像进行合并，增加特殊效果。该软件可用于平面印刷设计、建筑装潢、游戏场景设计、广告设计、网页制作、动画制作、照片处理等图像设计的各个领域。

6.3.1　Photoshop 界面简介

Photoshop 的工作界面分为以下几个部分，它们分别是菜单栏、工具箱、工具属性栏、面板、状态栏、图像编辑窗口等（图 6-5）。

图 6-5　Photoshop 的工作界面

菜单栏为所有窗口提供菜单控制，它包括文件、编辑、图像、图层、选择、滤镜、3D、视图、窗口和帮助十项内容。除了利用菜单栏执行命令，还可通过快捷键进行操作，菜单内每个功能后都显示了快捷键，记住常用的快捷键，可以大大提升工作效率。

工具箱是 Photoshop 中用得最为频繁的一个组件。工具箱面板上有以下工具：移动工具，多边形套索工具，裁剪工具，修复画笔工具，仿制图章工具，橡皮擦工具，模糊工具，添加锚点工具，直接选择工具，抓手工具，编辑工具栏，矩形选框工具，快速选择工具，吸管工具，铅笔工具，历史记录画笔工具，渐变工具，减淡工具，文字工具，矩形工具，缩放工具，前景色、背景色工具，更改屏幕模式，快速蒙版工具。工具箱界面见图 6-6、图 6-7。

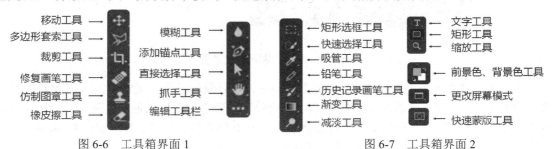

图 6-6　工具箱界面 1　　　　　　　　图 6-7　工具箱界面 2

面板又称浮动面板，是指打开 Photoshop 软件后在界面上可以移动、可以随时关闭并且具有不同功能的各种控制面板（图 6-8）。

不使用面板时，面板各功能菜单收缩在窗口右侧；点击扩展停放按钮 面板将展开显示；再点击折叠按钮 面板将收起，以小图标的方式显示，如图 6-9、图 6-10 所示。

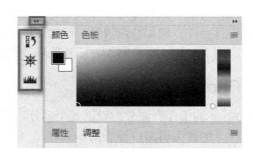

图 6-9　面板收缩在窗口中

图 6-8　浮动面板　　　　　　　　　　图 6-10　面板展开

在"窗口"菜单下有许多不同的面板菜单,前面有对勾的表示的是已选中的命令,如果取消勾选,则该功能会在面板中关闭(图 6-11)。

面板中最常用到的当属图层面板了(图 6-12)。图层面板是用来管理和操作图层的,几乎所有和图层有关的操作都可以通过图层面板完成。

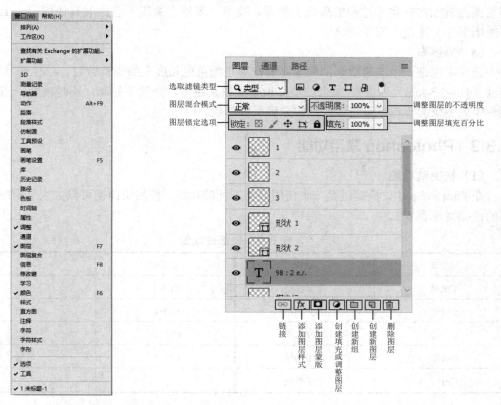

图 6-11　窗口菜单下的各种面板功能　　图 6-12　图层面板

6.3.2　Photoshop 基本概念

(1) 选区

选区在 Photoshop 中是最核心的概念之一,是指被选择的区域和被选择的范围,在编辑图形的过程中,编辑只在选区范围内进行,从而能够保护选区外的图像不受影响。由于图像是由像素构成的,所以选区也是由像素组成的,被选定的选区周围有一圈蚂蚁线(图 6-13)。为对局部图像进行编辑而又不影响图像中其他部分的效果,创建选区是必不可少的。

图 6-13　选区后图片显示

（2）图层

图层也是 Photoshop 中一个最核心的概念之一。通俗地讲，图层就像是含有文字或图形等元素的胶片，一张张按顺序叠放在一起，组合起来形成页面的最终效果，相比传统的单一平面图像，多图层模式的图像编辑空间更大、更精确。一个图像可以包含一个或多个图层，多图层图像犹如在一张张透明的玻璃上作画，在每一图层上编辑不会影响其他图层，上面图层不透明部分会遮盖下面图层。

（3）分辨率

分辨率也是一个非常重要的概念。分辨率是指单位长度上的像素数目，单位通常为像素/英寸（1in=2.54cm）和像素/厘米。单位长度上像素越多，分辨率越高，图越清晰。点击图像菜单中的图像大小选项可查看图片的分辨率等参数。

6.3.3 Photoshop 常用功能

（1）快捷键功能

在 Photoshop 中，快捷键是一个使用非常方便的功能。使用快捷键可以大大节省时间，常用的快捷键见表 6-3。

表 6-3 快捷键功能

快捷键	功能	快捷键	功能
Ctrl+J	复制图层	Ctrl+A	全选
Ctrl+E	合并图层	Ctrl+C	复制
Ctrl+G	建立新组	Ctrl+W	关闭
Ctrl+D	取消选区	Ctrl+V	粘贴
Ctrl+T	自由变换		

（2）对齐操作

对齐操作负责多个图像编辑对象的对齐（图 6-14），在图层编辑中非常实用。

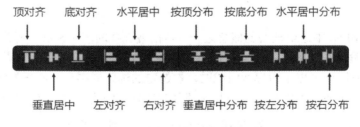

图 6-14 对齐操作界面

（3）动作与批处理功能

当需要在 Photoshop 中进行大量重复操作，或处理相同效果的图片时，可以通过自动化功能提高工作效率，常见的就是动作和批处理功能，动作界面见图 6-15，批处理界面见图 6-16。

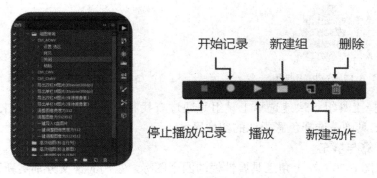

图 6-15　动作界面

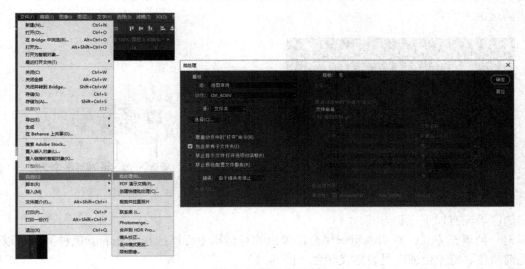

图 6-16　批处理界面

新建动作后点击开始记录按钮可录制新动作，新建组可对动作进行管理分类，从而更便捷地使用它们（图 6-16）。批处理是另一个自动化功能，可在文件→自动→批处理中调出，与动作不同的是，批处理命令是有明确作用的操作，应用动作可对一个文件夹下的所有图像进行处理。

（4）选区的设定与编辑

选区创建有三种方式，分别是通过选框工具组创建选区、通过套索工具组创建选区和通过快速选择工具组创建选区。

① 选框工具组　选框工具组有四种工具，分别是矩形选框工具、椭圆选框工具、单行选框工具和单列选框工具（图 6-17）。

Ps 基本界面

按住"Shift"键使用矩形和椭圆选框工具的时候，可以创建正方形和正圆形选区；按住"Alt"键使用这两种工具创建选区，可以得到以初始点为中心的选区。简单总结就是 Shift 键定比例，Alt 键定中心，如果同时按住这两个键，则可以创建中心正方形或正圆形的选区。

② 套索工具组　套索工具组（图 6-18）可以自由创建任何形状的选区。

多边形套索工具适用于创建一些由直线构成的选区，磁性套索工具与多边形套索工具不同，它具有自动识别图像边缘的功能，如果图像边缘清晰与背景分明，使用该工具可快速创建选区。

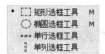
图 6-17　选框工具组

图 6-18　套索工具组

③ 快速选择工具组　快速选择工具组是通过查找和追踪图像中的边缘来创建选区（图 6-19），而魔棒工具则是选择色彩类似的图像区域。

（5）选区运算与填充

选区运算（图 6-20）左上角工具属性栏的四个图标，它们的含义分别是新选区、加选区、减选区和交选区。通过使用这几个按钮运算以及选框工具组和套索工具组等可以创建出各种形状的选区

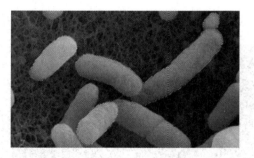
图 6-19　快速选择工具组创建选区

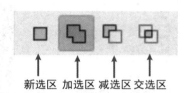
图 6-20　选区运算

选区填充有以下三种方式。

第一种填充方式：点击编辑→填充在弹出的对话框中可以选择填充的颜色种类，可以是填充前景色、背景色或者是自定义颜色（图 6-21）。

第二种填充方式：在选区上点击鼠标右键，弹出同样的对话框进行填充。

第三种填充方式：使用快捷键。这种也是使用的最频繁的填充方式，使用快捷键"Ctrl+Delete"填充背景色，使用快捷键"Alt+Delete"填充前景色。

（6）图层蒙版工具

有时候需要只显示一张图上的局部内容，除了可以通过前面讲到的创建选区填充背景颜色外，还可以用创建图层蒙版的方法。蒙版是一种独特的图像处理方式，可将图像某个区域或者整个区域处理成透明和半透明的效果。

图层蒙版拥有不同的灰度颜色，蒙版上白色区域为可见区域，灰色为半透明区域，黑色为透明区域，灰色越深图像越透明。染色体染色图见图 6-22。

图 6-21　填充工具

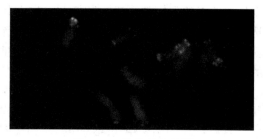
图 6-22　染色体染色图

想要只显示这张染色体图片其中一部分染色体，可以这样操作：先在图层面板中新建一个图层并填充为纯黑色（电镜图背景色），选中新建的图层，单击底部图层蒙版按钮 ◻，选择画笔工具，前景色设置为黑色，在蒙版上需要显示的染色体上涂抹（图 6-23），做好后的图片见图 6-24。

图 6-23　蒙版工具

图 6-24　蒙版涂色

如果在涂的时候不小心涂多了，导致其他的染色体也显示出来了怎么办呢，这时候可将前景色改为白色，再用画笔工具在蒙版上涂抹，就能隐去多余的部分了。

6.3.4　细胞膜模型的绘制

20 世纪初，科学家就通过化学分析表明膜的主要成分是脂质和蛋白质。1925 年荷兰科学家 Gorter 和 Grendel 提出细胞膜的基本框架是两层磷脂分子，即磷脂双分子层。圆形端为磷脂分子的亲水头，两条线形为磷脂分子的疏水尾，磷脂分子的有序排布形成了磷脂双分子层，这就是细胞膜的基本框架。

各种蛋白有的是覆盖在膜上，有的镶嵌在膜的表面，还有的贯穿整个磷脂双分子层。此外，有的膜蛋白上还接有糖基。利用 Photoshop 和 CorelDRAW 可以画出这样具有 3D 效果的专业性细胞膜模型图片（图 6-25），具体做法如下：先绘制磷脂单体，通过 CorelDRAW 软件将单体排列成磷脂层，再在 Photoshop 中完成双分子层和蛋白质的绘制。

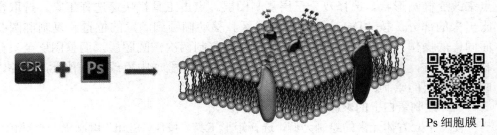

图 6-25　细胞膜模型的制作

Ps 细胞膜 1

（1）磷脂单体的绘制

打开 CorelDRAW 软件，新建一个 A4 大小文件名为细胞膜绘制的文档，点击左侧工具栏的椭圆形工具，按住"Ctrl"键，画一个直径为 10mm 的正圆，选择左侧工具栏填充工具，填充方式选择椭圆形渐变填充，渐变颜色选择从白色到红色。

（2）画磷脂疏水臂

选择手绘工具，画出两条臂，用选择工具选择两条臂调节至适当粗细，这样单个磷脂分子就画好了（图 6-26）。然后，通过复制劈裂磷脂分子层，框选整个磷脂分子，点击鼠标右键，选择符号-新建符号。选中符号，点击步长和重复设置参数为水平偏移-8mm，垂直偏移-4mm，重复 15 份。再框选整排分子，设置参数为水平偏移+10mm，垂直偏移-2mm，重复 15 份。删除几个磷脂分子，方便在 Photoshop 中编辑，导出为 png 图片格式（图 6-27）。在符号管理器中单体上点击鼠标右键，选择编辑，框选磷脂分子旋转 180°，再点击左下角完成编辑对象，导出为 png 格式图片。到这里，就完成了磷脂单分子层的绘制。

图 6-26　磷脂单体的绘制

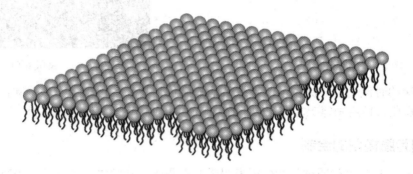

图 6-27　磷脂单分子层

（3）插入蛋白质

打开 Photoshop 软件，并导入之前做好的图片，将两个图层分别命名为上层和下层。对齐两个图层，按住"Ctrl"选中两个图层并复制，将上层和下层两个图层建立新组，复制的图层合并，命名为双分子层。复制双分子层图层，将双分子层图层锁定全部，双分子层复制图层锁定位置。点击椭圆工具，画一个椭圆，给椭圆添加一种样式，双击椭圆图层，更改斜面和浮雕大小至合适的立体效果，点击工具栏直接选择工具，通过调整锚点和拖动点来改变椭圆形状。选择双分子层复制图层。点击工具栏快速选择工具，选取蛋白分子要露出来的部分，按"Delete"键删除选区。移动椭圆到满意的位置，复制椭圆图层进行上面同样的操作，画出另一个镶嵌的蛋白，再复制两次椭圆图层，调整图层至双分子层，复制图层上方，调整形状。双击图层空白处可在颜色叠加中更改颜色种类，合并以上图层完成双分子层的绘制。

（4）绘制蛋白上的聚糖

以一个立方体元素的绘制为例，选择矩形工具，按住"Shift"键画出一个纯色填充的正方形，复制图层，使用快捷键"Ctrl+T"调整形状，宽度调为 50%斜切角度调为 45°，最后水平翻转，复制图层，逆时针旋转 90°，并且水平翻转，对三个图层添加图层样式使其更为立体，合并图层，这样就画好了一个立方体。

采用类似的方法，可以绘制出几种不同的元素，选取并适当地排列这些元素，可以得到几种聚糖，最后将这些聚糖复制到做好的镶嵌有蛋白的磷脂双分子层上，将聚糖调整至合适的位置，调整一下聚糖的比例，最后，保存文件，导出 png 图片，这样一张漂亮美观的细胞膜模型图片就绘制完成了（图 6-28）。

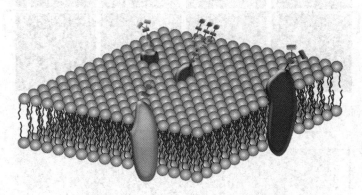

Ps 细胞膜 3

图 6-28　多聚糖蛋白磷脂双分子层结构

6.3.5　组图的绘制

（1）组图简介

组图是将 $m×n$ 张大小相同的原始图片按照顺序，进行 $m×n$ 排列从而形成的一张新图。图 6-29 是由六张大小一样的图合并而成的一张组图。制作组图的目的是节省文章篇幅，对实验结果进行直观的对比和分析。

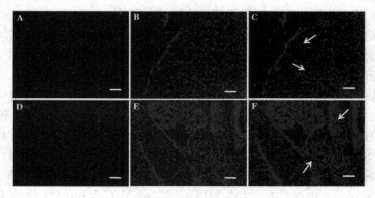

图 6-29　组图实例

在组图制作中需要注意的是，为了美观起见，构成组图的子图片应该大小格式一致。为保证这一点，需要了解组图尺寸的相关计算。

通过单张图片的高度宽度和分辨率，以及组图的横竖图片数目和图片间隔，可以在 Excel 算出组图的尺寸，从而方便在 Photoshop 中编辑。例如要用 6 张宽度和高度都为 512 像素，分辨率为 96 像素/英寸的原始图片，制作一张 3×2 的组图，组图的大小通过 Excel 计算得到，宽度应该为 1587 像素，高度为 1049 像素，分辨率为 96 像素/英寸。

组图制作好后常常需要在图上标注相应的文字或字母等内容，组图常见的两种标注方式分别是：直接在图片上标注序号（图 6-30）以及标注行与列的名称（图 6-31）。

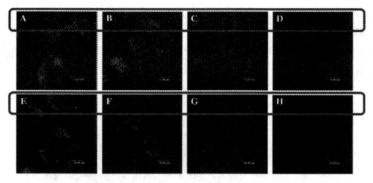

图 6-30　直接在图片上标注

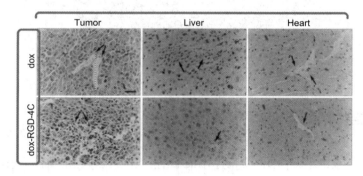

图 6-31　标注行与列

（2）组图制作步骤

下面以制作 3×2 组图为例，进行组图的绘制。

① 通过原始图片计算组图的大小　选中一张图片用 Photoshop 打开，选择菜单栏的图像/图像大小，将图片信息输入到 Excel 表格中计算，回到 Photoshop 中，新建相应大小的文档，命名为组图。

Ps 组图 1

② 制作组图　打开相应文件夹中的图片，对每张图片分别使用快捷键 Ctrl+A、Ctrl+C、Ctrl+W、Ctrl+V，使其粘贴到新建的文档中。按住"Ctrl"键选择背景图层和图层 1，点击移动工具，点击顶对齐、左对齐，再选择图层 3 和背景图层，点击顶对齐和右对齐，再按住"Shift"键选中图层 1、2、3，选择顶对齐，合并图层 1、2、3，选择图层 4 和背景图层，点击底对齐、左对齐，选择图层 6 和背景图层，点击底对齐和右对齐，再按住"Shift"键选择图层 4、5、6，点击底对齐，合并图层 4、5、6，保存为 psd 文件并命名为组图，这样就初步做好了一张组图。

③ 进行组图的标注　首先示范行与列的标注，点击裁剪工具，拓展画布，点击文字工具，添加文字图层，复制文字图层，按住"Shift"键垂直移动到适当位置，选中文字图层与相应的图片图层后，点击垂直居中对齐。更改文字，再标注横排，添加一个文字图层。复制文字图层，选中横排第三个文字图层，按住"Shift"键水平移动。选中三个文字图层，点击水平居中分布，更改文字。最后导出 tiff 格式图片，命名为标注方式 1，再选择文件→存储为文件，命名为标注方式 1。

④ 进行标注方式 2 的操作　打开组图 psd 文件，选择文字工具，将前景色改为白色，在图的左上角添加标注，调整文字的大小和字体，并调整至适当位置。复制 2 份文字图层，选

择文字图层 3，按住"Shift"键水平移动到第三张小图左上角。选中三个文字图层，点击水平居中分布，更改文字内容。选中三个文字图层并复制，按住"Shift"键垂直向下拖动，更改文字内容，另存为 tiff 格式图片，命名为标注方式 2。再另存为 psd 文件，命名为标注方式 2，打开文件夹，查看用两种方式标注的组图，到这里就完成了组图的制作和标注。

如果这个组图图片需要发表在科技期刊上，那么还需要按期刊的要求，最后调整组图的大小与格式，某 SCI 期刊对不同像素图片的大小要求，比如像素为 300dpi 的图片宽度有 30mm、90mm、120mm、190mm 这四种规格，投稿时可以按照这些期刊要求，在 Photoshop 中进行图片设定。比如把制作的组图修改为宽度 140mm、分辨率为 500dpi 的图片具体操作如下：用 Photoshop 打开标注方式 1 图片，点击图像→图像大小，更改宽度为 140mm、分辨率为 500dpi，另存为 tiff 格式图片，命名为标注方式改。用 Photoshop 打开更改后的图片，查看更改后图片尺寸，可以看到已经符合发表要求了，这样组图就完全制作好了。

Ps 组图 2

另外，采用 Photoshop 的动作和批处理功能可以一次性制作多张组图，该部分内容请见。

6.3.6 透视色谱图

在论文写作中，常常需要一张透视色谱图（图 6-32）来表现产物保留时间的对照关系，这样一张图是怎样做出来的呢，其实用 Photoshop 就可以很方便地完成。

首先在 Photoshop 中新建文档并导入三张原始色谱图片，如图 6-33 所示。

选中第一张数据图所在图层，使用魔棒工具选取横纵坐标轴及轴刻度和单位等选区，如图 6-34 所示。

再利用矩形选框工具从选区中减去纵坐标轴选区，如图 6-35 所示。

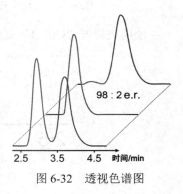

图 6-32 透视色谱图

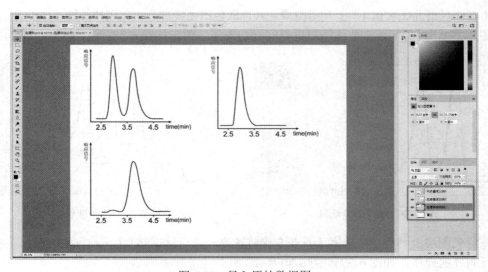

图 6-33 导入原始数据图

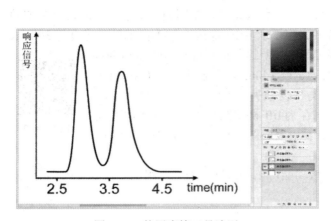
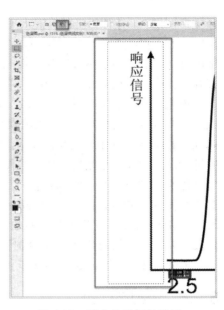

图 6-34　使用魔棒工具选区　　　　　　　　　图 6-35　减去纵坐标轴选区

使用快捷键"Ctrl+J"复制选区,命名为"横坐标",如图 6-36 所示。

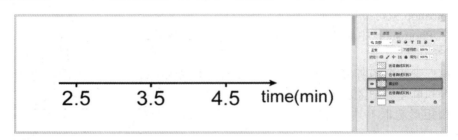

图 6-36　横坐标轴图层

再在"色谱曲线实例 1"上利用魔棒工具选取色谱曲线部分,使用快捷键"Ctrl+J"复制图层(图 6-37)。对其他两个曲线图层进行同样的操作,得到如图 6-38 所示三个曲线图层。

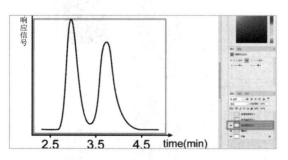
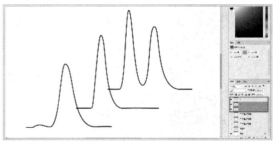

图 6-37　曲线部分选区　　　　　　　　　图 6-38　三个曲线图层

在背景图层上利用矩形选区工具在左侧峰建立一个选区,按"Ctrl+J"复制选区,右侧峰也进行同样的操作,如图 6-39 和图 6-40 所示。

第 6 章　图片处理软件 Photoshop　117

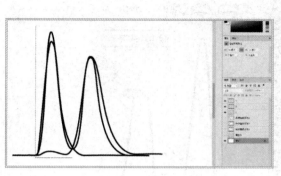

图 6-39　选区 1

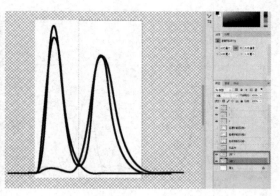

图 6-40　选区 2

按住"Ctrl"键点击图层"选区 1"缩略图，出现图层"选区 1"的选区，切换到魔棒工具，点击左上角选择交叉选区，点击右下角图层面板图层"1"后，使用魔棒工具点击左侧峰曲线上任何一点即可得到交叉选区，然后填充交叉选区如图 6-41、图 6-42 所示。

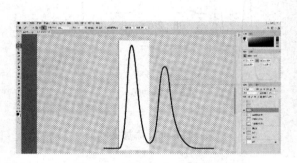

图 6-41　图层"选区 1"选区

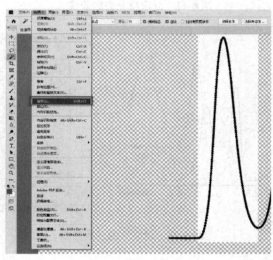

图 6-42　交叉选区

三个曲线填充完后如图 6-43 所示，相同的颜色代表对应的保留时间段相同。

最后选择直线工具，工具模式选择形状，填充无，描边颜色选择纯黑色，描边选项选择第 2 个虚线样式，如图 6-44 所示，按住"Shift"键可以绘制 45°的虚线，同样的方法绘制另一侧虚线。

最后将三条曲线放置于两虚线之间，稍稍调整位置，如图 6-45 所示。

最后利用文本工具添加上文字图层，如图 6-46 所示。

注意三条曲线的透视关系，图层 1、2、3 要依次从上向下放置且置于虚线图层的上方，不要让后面的曲线遮挡住前面的曲线。

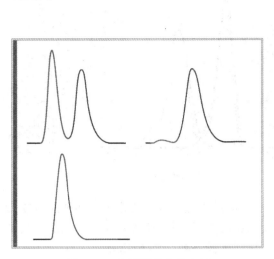

图 6-43　分段填充完的曲线

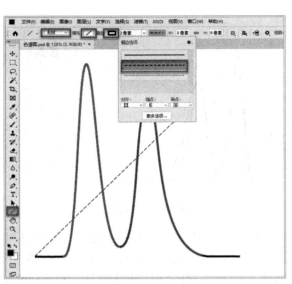

图 6-44　直线工具绘制虚线

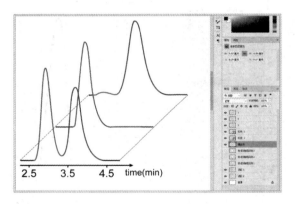

图 6-45　调整后的三条曲线

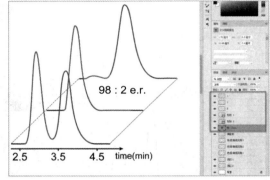

图 6-46　添加文本

6.3.7　电镜图上色

经常在 SCI 期刊上看到色彩鲜艳的电镜图片，那么根据电子显微镜的工作原理，电子显微镜是根据电子散射数量来决定荧光屏沙漠化的成像明暗，因此投射到荧光屏上的电子数量少则呈现暗；电子数量多则是明。这说明电镜图是灰度图片，本身不会携带任何颜色信息。

那么彩色的电镜图是如何制作出来的呢？这就需要用到 Photoshop 软件了，利用 Photoshop 这样的调色软件为电镜图人为地上色，这样的操作称为电镜伪彩（图 6-47）。电镜伪彩的目的是区分照片的对象主次，突出主体，也可以为了区分各个部分，使得电镜图表达更加清晰美观。以下面这个实例学习如何给电镜图上色。

首先在 Photoshop 中打开原始的图片。使用快速选择工具（有时候需要结合套索工具组或者矩形工具组的其他工具，按照实际需要灵活地进行选择）框选红细胞得到红细胞选区（图 6-48）。

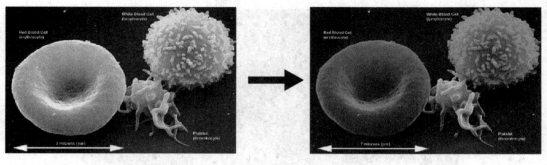

(a) 上色前　　　　　　　　　　　　　　(b) 上色后

图 6-47　给电镜图上伪彩

最后使用快捷键 "Ctrl+J" 复制选区，重复操作分别得到红细胞、白细胞和血小板三个选区图层。选中原始图片图层，按住 "Shift+Ctrl" 键依次点击三个图层缩略图，然后使用反选快捷键 "Shift+Ctrl+I" 并复制得到背景图层（图 6-49）。

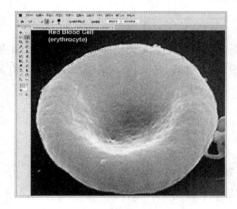

图 6-48　红细胞选区

图 6-49　复制图层

选中要上色的图层，使用快捷键 "Ctrl+U" 调整图像的色相、饱和度（图 6-50），通过调整色相、饱和度以及明暗选项以改变色彩效果，比如这里给红细胞着红色。另外不要忘记勾选着色选项。

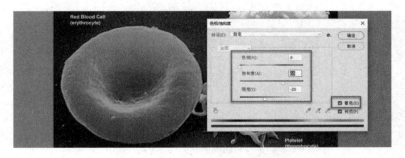

图 6-50　色相、饱和度的调整

然后分别给红细胞、白细胞以及血小板和背景图层上色，上色后就可以得到最终的效果（图 6-51）。

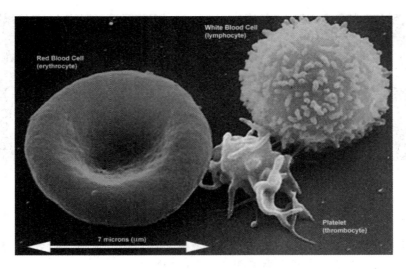

图 6-51　彩色细胞图

小结：通过本章学习，认识科技论文中的图片及科技作图的基本要求，熟悉常用的图片处理软件 Photoshop 的基本功能与使用界面。通过实例操作，掌握细胞膜结构的绘制、组图绘制等软件操作。

思考题

1. 列举一 SCI 期刊对论文图片的要求，它们对科技论文图片的主要要求有哪些？
2. 在科技论文图片处理中，哪些行为是不被允许的？衡量图片质量有哪些标准？
3. 常用的图片处理软件是什么？它有什么优势？

第 7 章 Adobe Illustrator 科研绘图

随着多媒体技术的发展，学术期刊等电子出版物对稿件插图的要求也越来越高，大部分倾向于接收画面美观大方的矢量图片，而 Ai 是用于矢量插图绘制的最主要软件之一。Adobe Illustrator（Ai），全称为 Adobe Illustrator CC，它和 Photoshop 一样都是 Adobe 公司旗下的重要图像编辑处理软件。但与 Ps 侧重于图像处理不同，Ai 的优势在于绘制创建各种平面矢量图形，目前已被广泛应用于平面设计、专业插画、多媒体图像处理等方面。

在化学、生命科学等领域，研究者们常常利用 Ai 绘制各式各样的实验流程图、实验数据图、模式图、机制图等。Ai 的操作界面和 Ps 较为相似，如果有一定的 Ps 基础，Ai 学习将更为容易了。因此，在介绍完 Ps 之后本章将介绍如何利用 Ai 进行科技绘图，具体内容包括：Ai 的界面简介；Ai 绘图核心概念和基础操作；两例插图的具体绘制。请读者对照教材步骤和视频，一步步掌握 Ai 绘图方法，本书使用的 Ai 版本为 Adobe Illustrator CC2018。

7.1 Illustrator 界面介绍

Illustrator CC 的工作界面其实与 Photoshop 极为相似，学好 Photoshop 后上手 Ai 非常容易。Illustrator 界面主要由菜单栏、工具属性栏、工具箱、页面区域、状态栏以及面板构成（图 7-1）。

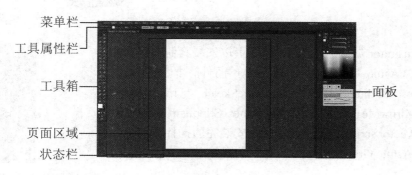

图 7-1　Adobe Illustrator 界面

7.1.1 菜单栏

Illustrator CC 菜单栏包含"文件""编辑""对象""文字""选择""效果""视图""窗口""帮助"9个菜单，每个菜单下又包含相应的子菜单（图 7-2）。

图 7-2 菜单栏

7.1.2 工具箱

Illustrator CC 的工具箱包括了大量具有强大功能的工具，这些工具用于创建和编辑图形、图像和页面元素等。默认位置位于工作界面的左侧。有的工具右下角有一个小三角，表示该组工具还有其他同类的工具被隐藏，在该工具上点击鼠标右键或者长按左键即可选择隐藏的工具，如图 7-3 所示。工具箱见图 7-4、图 7-5。

图 7-3 隐藏的工具

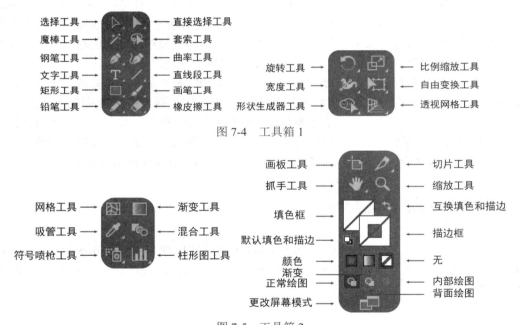

图 7-4 工具箱 1

图 7-5 工具箱 2

除了 Illustrator 默认的工具箱外，还可以安装其他非常有用的插件，如 Astute Graphics 公司的 Ai 插件，插件包含：Autosaviour、ColliderScribe、DynamicSketch、InkQuest、InkScribe、MirrorMe、Phantasm、Rasterino、Stipplism、Stylism、Texturino、VectorScribe、WidthScribe。安装完的插件也显示在工具箱中。Astute Graphics 插件工具见图 7-6。

图 7-6 Astute Graphics 插件工具

7.1.3 工具属性栏

工具属性栏（图 7-7）用于显示当前使用的工具箱中工具的属性。用户在选择不同的工具后，工具属性栏的选项会随着当前工具的改变而发生相应的变化。如选择画笔工具后，工具属性栏即显示与画笔相关的描边、不透明度和样式等参数选项。

图 7-7 工具属性栏

7.1.4 面板

Ai 中的面板位于工作界面的右侧，它包括了许多实用、快捷的工具和命令，主要用于配合编辑图稿、设置工具参数和选项等。面板常常以组的形式组合在一起。

鼠标左键单击面板右上角的折叠按钮 ▶▶ 和展开按钮 ◀◀ 可以用来折叠或者展开面板，与 Photoshop 面板类似，如图 7-8 所示。

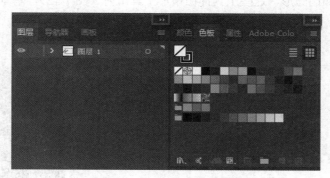

图 7-8 折叠与展开按钮

绘制图像时，经常需要选择不同的数值和选项，这可以通过面板直接操作。当勾选或者取消勾选窗口菜单的各个命令时，能显示或者隐藏面板，这样省去了反复选择命令或者关闭窗口的麻烦。面板为设置数值和修改命令提供了一个方便快捷的平台，使得软件的交互性更强。

7.2 Illustrator 基本概念和常用功能

7.2.1 路径和锚点

在 Illustrator 中，路径是最基本的元素，绘制图形时出现的线段称为路径。路径可以是由一系列点与点之间的直线段、曲线段构成的矢量线条，也可以是一个完整的由多个矢量线条构成的几何图形对象。

创建路径时可以使用工具箱中的钢笔工具组、铅笔工具组绘制出各种形状的直线和平滑流畅的曲线路径（图 7-9），也可以在绘制路径的过程中对路径进行简单的编辑。

除了钢笔工具和铅笔工具外，还有线型绘图工具（图 7-10），包括直线工具、弧线工具、螺旋线工具和网格线工具。基本线型见图 7-11。

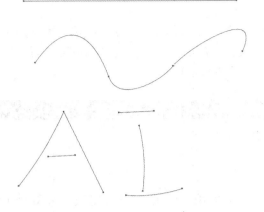

图 7-9 钢笔工具和铅笔工具绘制的路径　　　　图 7-10 线型绘图工具

除了线型绘图工具外,还有形状绘图工具组用于绘制基本形状路径,包括矩形、圆角矩形、星形、多边形和椭圆形,这些工具都在矩形工具组内(图 7-12),基本形状见图 7-13。

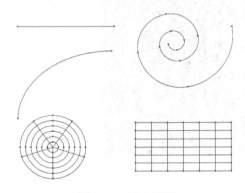

图 7-11 基本线型　　　　图 7-12 矩形工具组

锚点是用于锚定路径的点,路径总是穿过锚点或在锚点开始与结束。当选择一个锚点后,将会在锚点上显示一到两条控制线,控制线的端点是手柄,也叫控制点,通过拖动手柄可以调整控制线的角度,从而修改与之相关的路径形状,见图 7-14。

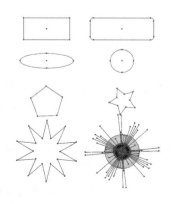

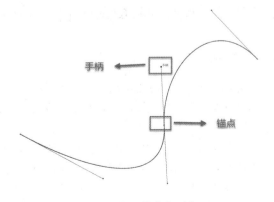

图 7-13 基本形状　　　　图 7-14 锚点与手柄

7.2.2 图层

图层就像结构清晰的文件夹，将图形放置于不同的文件夹（图层）后，选择和查找起来都非常方便。编组配合图层能将各种元素打理得井井有条，绘制复杂的图形时，灵活的使用图层也能有效地管理对象、提高工作效率。图层面板见图 7-15。

图层中经常使用的几个功能，分别是隐藏与锁定图层、新建与命名图层、图层及图层中对象的基本操作等。点击眼睛图标 可进行图层显示与隐藏的切换。有该图标的图层为显示的图层，被隐藏的图层的元素不能被选中也不能被编辑。点击锁定图标 即可切换锁定状态，被锁定的图层不能做任何编辑，并显示 图标，如果需要解锁，可以单击该图标。

按住"Alt"键点击 图标即可打开"图层选项"对话框，在这里可以设置图层的颜色和名称。当图层数量较多时，给图层命名可以更加方便地查找和管理对象；为图层选择一种颜色后，当选择该图层中的对象时，对象的定界框、路径、锚点和中心点都会显示与图层相同的颜色。新建图层见图 7-16。

 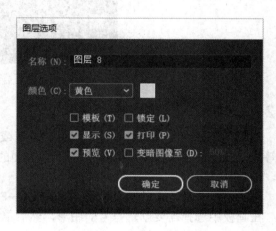

图 7-15　图层面板　　　　　　　　　　图 7-16　新建图层

单击一个图层即可选择该图层。单击并将一个图层、子图层或图层中的对象拖动到其他图层（或对象）的上面或下面，这样可以调整它们的堆叠顺序（图 7-17）。

（a）移动图层前　　　　　　　　　　（b）移动图层后

图 7-17　改变堆叠顺序

选择了一个对象后，当图层较多、嵌套复杂时，需要用到定位对象工具 按钮。选择一个对象后点击该工具即可快速定位到所在的图层或子图层，选中的对象后面的图标 会亮起，有几个亮了代表选中了几个对象。

7.2.3 画笔

画笔面板可以给自己需要的路径或图形添加画笔内容，以达到丰富路径和图层的目的。选择窗口→画笔命令或者按"F5"键即可调出画笔面板（图 7-18）。

默认情况下，画笔面板中的画笔以列表视图形式显示。用得最多的画笔类型是艺术画笔，艺术画笔可以沿着路径的长度均匀拉伸画笔或者对象的形状。

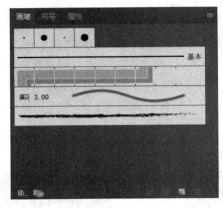

图 7-18　画笔面板

7.2.4 符号

在科研绘图中，有时候要绘制大量的重复或相似的对象，如细胞质中许多溶酶体、吞噬体等，Illustrator 为这样的任务提供了一项简便的功能，它就是符号。将一个对象定义为符号后，可通过符号工具生成大量的相同的对象。

选择窗口→符号或者按快捷键"Shift+Ctrl+F11"即可打开符号面板（图 7-19）。

在画板中选择需要创建符号的图形，然后单击符号面板中新建符号按钮，在弹出的对话框中命名新符号即可创建新符号。

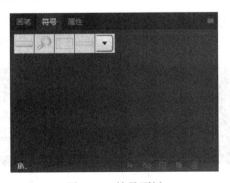

图 7-19　符号面板

7.3　Illustrator 基础操作

7.3.1 填色和描边

在设置和描边之前先来认识下工具箱中的填色和描边工具，在 Illustrator 工具箱底部有两个可以前后切换的颜色框，左上角的颜色框代表当前的填色，右下角的框代表当前的描边（图 7-20）。

图 7-20 填色和描边

Illustrator 绘图基础

要为对象设置填色和描边首先必须选择对象，点击工具箱中的填色或描边，可进行相应设置。图 7-20 所示的状态是左上角的填色框在上，表示当前正在设置的是填色而不是描边；在填色和描边编辑状态下都有三种状态可供选择，"颜色"按钮■、"渐变"按钮■、"无"按钮☑。

单击"颜色"按钮■可以使用单色进行填色或者描边，单击"渐变"按钮■可以使用渐变进行填色或者描边、单击"无"按钮☑，则不进行填色或者描边。

接下来重点介绍 3 种填色方式：通过拾色器对话框、色板面板、颜色参考面板进行自定义单色填色；通过吸管工具吸取颜色来进行指定颜色填色；渐变填充以及描边的设置。

（1）拾色器

双击工具箱中的填色图标，即可打开拾色器对话框，在其中单击需要的颜色进行设置，也可输入颜色数值精确设置颜色（图 7-21）。

（2）色板

选择窗口→色板命令即可打开色板面板（图 7-22），色板中包含了 Illustrator 预置的颜色、渐变、图案和颜色组。选择对象后，单击一个色板，即可将其应用到对象的填色或者描边中。也可以自己创建并保存调制好的颜色、渐变或者图案以及颜色组。

图 7-21 拾色器对话框

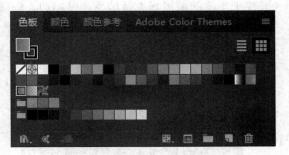

图 7-22 色板面板

另外，单击颜色主题■按钮或者在勾选窗口→颜色主题命令打开 Adobe Color Themes 颜色主题面板（图 7-23），在 Explore 选项中有许多可供参考的颜色组合，这给论文插图配色方案提供了不少便利。

（3）颜色参考

选择窗口→颜色参考命令，或者按"Shift+F3"快捷键，即可打开颜色参考面板。当用拾色器对话框、颜色面板或者色板面板设置一种颜色后,颜色参考面板将会自动生成与之协调的颜色方案以供选择,这在绘图选择配色时也可以参考(图 7-24)。

(4) 吸管工具

当不知道某种颜色的颜色参数值,又想精确使用这种颜色,吸管工具便派上了用场。点击工具箱吸管工具 按钮,可以吸取矢量对象的属性或者颜色,并快速赋予到其他的矢量对象上。

通常情况下只需要吸取其填充颜色,要按住"Shift"键单击对象,即可只吸取填充颜色。

(5) 渐变

选择窗口→渐变命令或者按"F9"键,即可打开渐变面板(图 7-25)。通过渐变面板可以应用、创建和修改渐变。

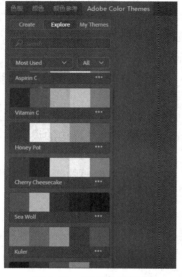

图 7-23 颜色主题面板

图 7-24 颜色参考

选中对象后,单击渐变面板中的渐变框即可用渐变填充当前选择的对象的填色或者描边(取决于当前的编辑状态是填色还是描边,即哪个颜色框在上面)。

点击工具属性栏中的描边还能弹出其他选项,在这里可以设置描边的粗细、描边类型等(图 7-26)。

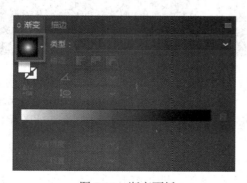

图 7-25 渐变面板

图 7-26 描边

7.3.2 对象的基本操作方法

在 Illustrator 绘制图形过程中，绘制完基本图形后经常需要对它们进行编辑操作，如图形的移动、复制、旋转、镜像、缩放、编组、解组、对齐和分布等。

① 移动　使用选择工具选中需要移动的对象，使用鼠标左键拖拽即可移动对象，另外，选中对象后使用键盘的方向键也可以对对象进行移动和微调。

"直接选择工具"主要用于选择路径或者图形中的某一部分，包括路径的锚点、曲线或者线段，然后通过对路径或者图形的局部变形来完成对路径或图形整体形状的调整；而"选择工具"是用来移动整条路径、对象或者编组的。

② 复制　最快捷的方法是 Alt+左键拖动复制；另一种方法是快捷键 Ctrl+C 复制、Ctrl+V 粘贴。

③ 旋转和镜像　实际绘制中最常用的是使用快捷键 R 切换到旋转工具，然后拖动鼠标旋转对象。也可以使用工具箱中的旋转工具和镜像工具完成镜像变换（图 7-27）。

图 7-27　旋转工具和镜像工具

④ 缩放　使用快捷键 S 切换到比例缩放工具，如果要等比例缩放，要按住 Shift 键进行等比例缩放。

⑤ 编组　复杂图形往往由许多个图形组成，为了方便选择和管理，可以选择多个对象，点击对象→编组（快捷键 Ctrl+G），将它们编为一组。进行移动和变换操作时，组中的对象会一同变化；另外，编组后的对象还可以与其他对象再次编组形成"组中有组"的嵌套结构的组。

要移动组中的对象，可以使用编组选择工具在对象上单击并拖动鼠标。

⑤ 解组　取消解组又称解组，选中组依次点击对象→取消编组（快捷键 Ctrl+Shift+G）即可解散编组。

使用选择工具双击编组对象后可进入隔离模式，当前组对象以全色显示，其他内容则变暗，在隔离模式下可方便地编辑组中对象而不受其他图形的干扰，点击文档窗口左上角的按钮或者双击画板空白处即可退出隔离模式。

⑥ 对齐和分布　选中多个对象在工具属性栏中即可看到对齐和分布选项，图标选项与 Photoshop 相同，不做赘述（图 7-28）。

图 7-28　对齐和分布

7.3.3 路径查找器

有时候看似复杂的图形其实是由多个简单的图形快速修剪或者组合而成的。使用 Illustrator 路径查找器功能即可快速实现这样的功能。

选择窗口→路径查找器命令，或者 Shift+Ctrl+F9 组合件，打开路径查找器面板，面板中各个图标代表的命令如图 7-29 所示。

Illustrator 路径查找器

① 联集　将选中的多个图形合并为一个图形。合并后，轮廓线及其重叠的部分融合在一起，最前面对象的颜色决定了合并后的对象颜色（图 7-30）。

② 减去顶层　用最后面的图形减去它前面的所有图形，可保留后面图形的填色和描边（图 7-31）。

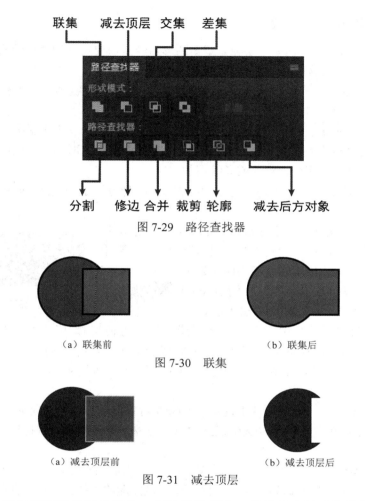

图 7-29 路径查找器

图 7-30 联集

图 7-31 减去顶层

③ 交集　只保留图形的重叠部分，删除其他部分，重叠部分显示为最前面图形的填色和描边。

④ 差集　只保留图形的非重叠部分，重叠部分被挖空，最终的图形显示为最前面图形的填色和描边。

⑤ 分割　对图形的重叠区域进行分割，使之成为单独的图形，分割后的图形可保留原图形的填色和描边，并自动编组（图 7-32）。

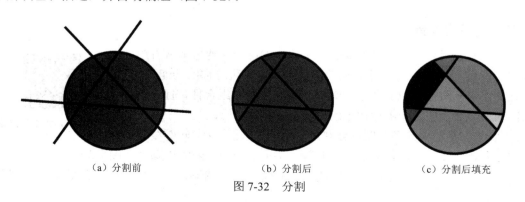

图 7-32 分割

⑥ 修边　将后面图形与前面图形重叠的部分删除，保留对象的填色，无描边。

⑦ 合并　不同颜色的图形合并后，最前面的图形保持颜色、形状不变，与后面图形重叠的部分将被删除。

⑧ 裁剪　只保留图形的重叠部分，最终的图形无描边，并显示为最后面图形的颜色。

⑨ 轮廓　只保留图形的轮廓，轮廓的颜色为它自身的填色。

⑩ 减去后方对象　用最前面的图形减去它后面的所有图形，保留最前面图形的非重叠部分及描边和填色。

7.3.4　形状生成器和实时上色工具

形状生成器工具可在多个重叠的图形之间快速得到新的图形。

在使用这个工具之前，需要创建要应用形状生成器工具的形状，然后使用选择工具选择所有用于创建形状的路径。点击左侧工具箱中的形状生成器工具或按快捷键"Shift+M"选择形状生成器工具。默认情况下，该工具处于合并模式，合并模式下的鼠标显示为状态。

Illustrator 形状与上色

合并模式下单击形状即可得到这块形状；也可以在图形上按住鼠标左键拖动，合并不同的形状，生成形状后还可以使用移动工具移动生成的图形；使用形状生成器工具时，按住"Alt"键还可以切换为抹除模式，此时鼠标显示为状态，该模式下可以删除所选形状，如图 7-33 所示。

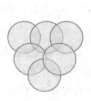

（a）原图形　　　（b）单击合并　　　（c）单击并拖动合并　　　（d）抹除模式

图 7-33　形状生成器工具

实时上色是一种非常智能的填充方式，传统的填充方式只能针对一个单独的图形进行，而实时上色能够对多个对象的交叉区域进行填充，如图 7-34 所示。

（a）传统填色方式　　　　　（b）实时上色

图 7-34　传统填色方式对比实时上色

实时上色能够自动检测、校正原本将影响填色和描边的间隙，并直观地给矢量图形上色。路径将绘图表面分割成不同的区域，其中每个区域都可上色。而不管该区域的边界是由一条路径还是多条路径构成。

使用实时上色前要创建实时上色组，不然系统会提示首先要创建实时上色组，如图 7-35 所示。

创建实时上色组的方法如下：使用选择工具框选需要实时上色的对象后依次单击对象→实时上色→建立，即可将选定的对象转化为实时上色组；也可在框选需要实时上色的对象后，在工具箱中找到实时上色工具 单击框选的对象。

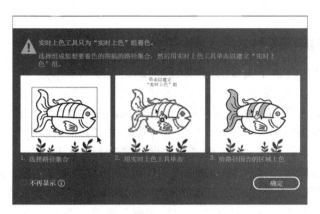

图 7-35　系统提示创建实时上色组

创建完实时上色组后就可以利用实时上色工具进行上色了，鼠标移到要上色的形状上方会出现红色高亮的边界线，并且鼠标指针上出现三个小方块，中间的小方块对应的是当前所选的颜色，使用方向键可以切换色板中相邻的颜色，如图 7-36 所示。

创建实时上色组后不仅可以通过实时上色工具来进行区域上色，还可以通过实时上色选择工具进行上色。实时上色工具默认没有勾选选择描边选项，导致其不能给描边上色，勾选上亦可给描边上色；而实时上色选择工具是默认勾选了描边上色选项的（图 7-37）。

图 7-36　实时上色

图 7-37　实时上色工具选项

使用实时上色选择工具上色的方式是：创建实时上色组后，选中需要上色的表面或者边缘（对应着填色和描边），直接在色板、颜色等面板中单击选中的颜色即可上色。

实时上色的"实时"的含义一部分在于其可实时编辑。建立实时上色组后，其中的每一条路径仍是可以编辑的。移动或者调整路径后，之前填充的颜色不会像油画那样保持不动，Ai 会将填充的颜色重新应用于编辑后的路径，颜色会跟着实时移动，如图 7-38 所示。

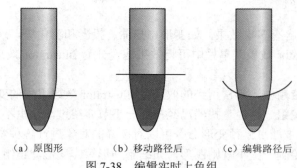

（a）原图形　　　（b）移动路径后　　　（c）编辑路径后

图 7-38　编辑实时上色组

7.3.5　混合工具

混合工具可以在多个图形之间生成一系列的中间对象，从而实现从一种形状过渡到另一种形状，从一种颜色过渡到另一种颜色的效果。

在建立混合之前，混合选项的设置是非常重要的一步，双击混合工具即可打开混合选项设置（图 7-39）。

Illustrator 混合工具

间距是混合方式的意思，Ai 有三种混合方式，分别是平滑颜色、指定的步数、指定的距离。

① 平滑颜色　自动计算混合的步数。如果混合的对象是使用不同的填色和描边，则计算出的步数是实现平滑颜色过渡的最佳步数；如果是对象使用相同的填色描边，则是根据两对象定界框之间距离自动算出的。

② 指定的步数　用来控制在混合开始与混合结束之间的步数。

③ 指定的距离　控制混合步骤之间的距离。指定的距离是指从一个对象边缘到下一个对象边缘之间的距离。

取向是用于设置混合对象的方向，常常在路径为曲线时用到。

建立混合非常简单，设置完混合选项后点击混合工具，然后分别单击想要混合的图形即可，混合工具常常用于创建一些重复的或者是变相重复的图形，在科研插图绘制中非常常用，如图 7-40 所示。

图 7-39　混合选项

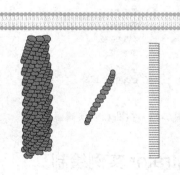

图 7-40　混合工具的应用

7.3.6 效果滤镜

在 Illustrator 中包含有多重效果，如变形、扭曲、投影和羽化等，这些效果主要是用来修改对象的外观。Illustrator 效果菜单栏中可将效果滤镜分为 Illustrator 效果和 Photoshop 效果两种类型（图 7-41）。

在科研绘图实际应用中，常常用到的效果是 Illustrator 效果组中的变形、扭曲和变换、路径、路径查找器等滤镜组。路径查找器已经在上一小节介绍过，这里不做赘述。

① 变形　滤镜组中的 15 种变形命令可以对选择的对象进行各种弯曲变形的设置，在科研绘图中常常应用于绘制一些不规则图形，如细胞外形等。变形滤镜组见图 7-42。

图 7-41　Illustrator 效果和 Photoshop 效果组　　　　图 7-42　变形滤镜组

② 扭曲和变换　滤镜组包含 7 种效果命令，各个命令与变形滤镜组中的命令基本相同，通过这些命令可以改变对象的形状。扭曲和变换滤镜组见图 7-43。

③ 路径　滤镜组中的 3 种命令可以用来编辑路径、对象的轮廓和描边等，见图 7-44。

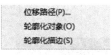

图 7-43　扭曲和变换滤镜组　　　　图 7-44　路径滤镜组

7.4　Illustrator 实例绘制

7.4.1　实例 1——模式图

第 1 则实例绘图摘选自 Zhenzhong Yu 与 Reinhard Fischer 2018 年在《Nature Reviews

Microbiology》上发表的关于真菌内光响应和应答的一篇综述（图 7-45）。接下来将介绍如何利用 Ai 模仿绘制这种清晰美观、表达内容具体的插图。

由图可知，这张插图分为（a）、（b）两个分图：（a）表示真菌在蓝色光下的响应模式图；（b）表示真菌在红色光下的响应模式图。图中除核小体与细胞核图案并不规则外，其他图形单元均可利用工具箱中矩形工具、椭圆工具、多边形工具等完成。因此重点在于不规则图案的绘制：①细胞核的绘制；②核小体的绘制；③规则图形的绘制、颜色描边设置与文本编辑。

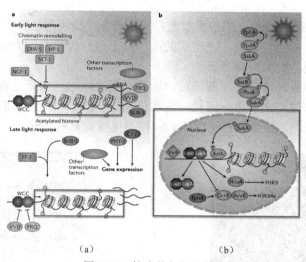

图 7-45　核小体与细胞核

（1）绘制细胞核

首先新建一个文档，命名为"真菌光响应模式图"，颜色模式选择CMKY。为了方便模仿，可将原图截屏图案以及参考线等统一放入一个图层，命名为"参考图像"，再在图层面板中新建一个图层，命名为"细胞核"，选中此图层，选择椭圆工具，绘制出一个椭圆（图 7-46），填色选择渐变填充。

Illustrator 细胞核

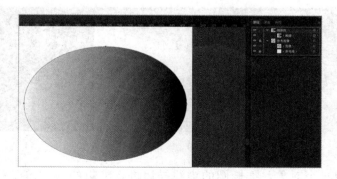

图 7-46　绘制椭圆

在渐变面板中设置渐变类型为径向渐变，单击渐变滑块，使用快捷键 I，按住"Shift"键吸取上方截屏图像细胞核边缘的颜色，这样就完成了细胞核填充渐变，如图 7-47 所示。

图 7-47　渐变填充细胞核

继续设置细胞核椭圆描边，描边类型选择纯色填充，颜色用吸管工具吸取参考图片颜色，在工具属性栏点击"描边"选项，在出现的选项框下勾选虚线，作为细胞核膜，并调节描边粗细和端点边角类型，如图 7-48 所示。

对照原图发现核膜外围还有一圈描边，这就需要对描边再进行设置了，可通过菜单操作完成，具体步骤为依次点击对象→路径→轮廓化描边，椭圆成为包含两个对象（椭圆与椭圆虚线描边）的一个编组。描边效果见图 7-49。轮廓化描边见图 7-50。

图 7-48　设置描边

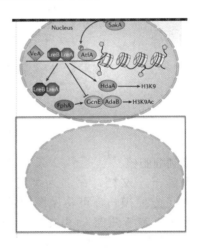

图 7-49　描边效果

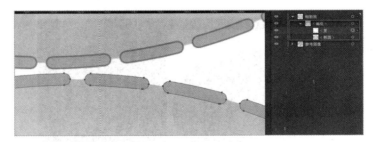

图 7-50　轮廓化描边

如果要对其中一个对象，如椭圆的虚线描边进行编辑的话，需要对编组进行解组，可以在椭圆对象上点击鼠标右键，选择取消编组（图 7-51），这样虚线描边就成为独立的可编辑对象。

第 7 章　Adobe Illustrator 科研绘图 | 137

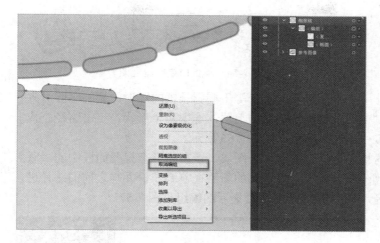

图 7-51　取消编组

接下来将虚线描边的边缘颜色改为深色，设置核膜描边（见图 7-52）。具体操作为：点击选择工具 选定细胞核虚线描边后，点击描边以设置纯色描边，可以自行设定颜色，如想要选取参考图片中的颜色，可用吸管工具吸取，完成颜色设置后用选择工具框选椭圆与椭圆描边部分使用快捷键 Ctrl+G 编组，这样一个细胞核就制作完成了，如图 7-53 所示。

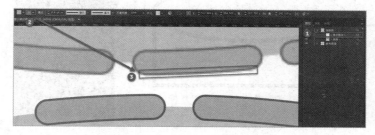

图 7-52　设置核膜描边

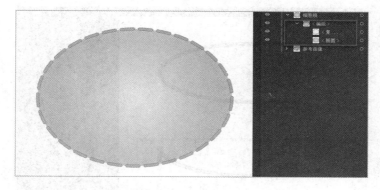

图 7-53　细胞核编组

（2）绘制核小体

首先观察一下核小体的结构，这个不规则结构可由椭圆、矩形与相应的直线组合而成。因此，可通过路径查找器面板进行图案的绘制（图 7-54）。

Illustrator 核小体 1

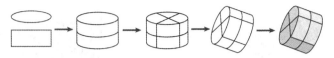

图 7-54　组蛋白绘制流程图

Illustrator 核小体 2

Illustrator 核小体 3

　　首先绘制出一个椭圆以及一个长等于椭圆长轴的矩形，复制椭圆对齐到矩形，将复制的椭圆移动到矩形的上层，选中两个形状，点击路径查找器面板中的"减去顶层"按钮，如图 7-55 所示。

　　再复制一份椭圆图层，选中两个图层，点击路径查找器面板中的"联集"按钮，得到一个新路径，将得到的新路径复制一份并与之前的路径进行联集合并路径，如图 7-56 所示。联集后的编组见图 7-57。

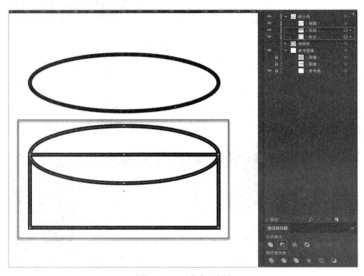

图 7-55　减去顶层

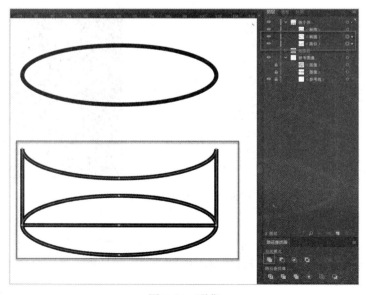

图 7-56　联集

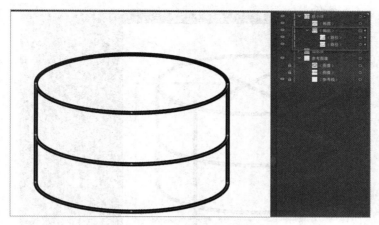

图 7-57　联集后的编组

用直线工具绘制出穿过椭圆中心的两条直线，选中两条直线与椭圆，点击路径查找器面板中的"分割"按钮，将椭圆分割成四块不同的封闭路径，如图 7-58 所示。

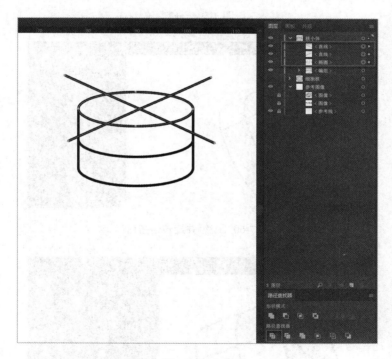

图 7-58　分割

用直线工具在椭圆与直线交叉处位置垂直绘制两条直线，选中两条竖直直线与椭圆下方路径，点击"分割"按钮，这样线条交叉的部分就可以形成新的可编辑区，选定相应区域可单独对其进行不同颜色的填充（图 7-59）。

将得到的组蛋白编组，选中组蛋白使用快捷键 R 旋转一定角度，如图 7-60 所示。

使用编组选择工具对各个区域设置纯色填充，填充好后的组蛋白如图 7-61 所示。

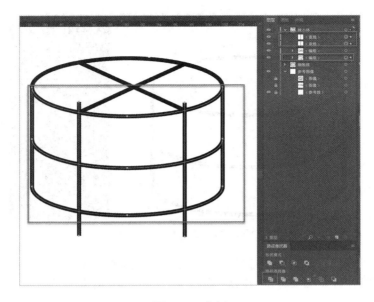

图 7-59 分割

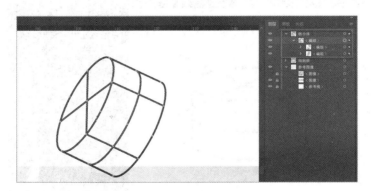

图 7-60 编组并旋转组蛋白

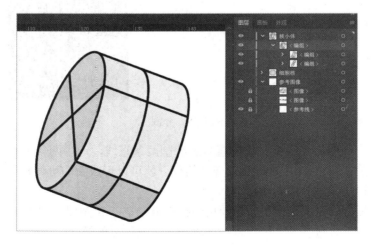

图 7-61 使用吸管工具纯色填充

使用椭圆工具绘制两个比组蛋白稍宽的椭圆，使用快捷键 C 切换到剪刀工具对图中红框位置锚点处分别剪切，然后删除①和②路径，将③和⑤路径移到组蛋白图层下方，将④路径移到组蛋白图层上方，如图 7-62、图 7-63 所示。

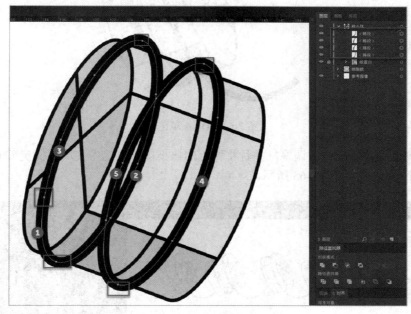

图 7-62　剪切路径

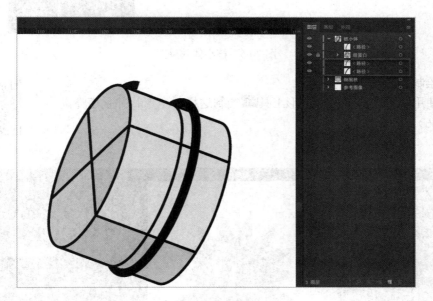

图 7-63　排列图层

再用钢笔工具画出路径②，将所有的 DNA 链描边颜色用吸管工具吸取参考图片并纯色填充，这样一个核小体单位就制作完成了，如图 7-64 所示。

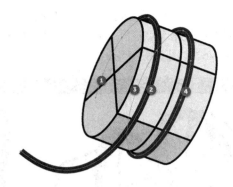

图 7-64　DNA 填色

最后复制核小体单位稍做调整，并且将所有的核小体单位选中使用快捷键 Ctrl+G 编组，得到最终核小体效果图如图 7-65 所示。

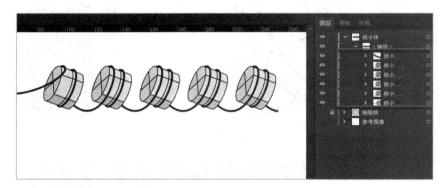

图 7-65　核小体效果图

（3）绘制太阳光

首先使用矩形工具组里的星形工具绘制这样一个形状并且填充渐变（图 7-66）。

Illustrator 其他图形

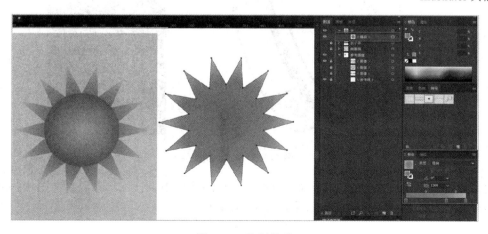

图 7-66　绘制星形

再使用椭圆工具同时按住"Shift+Alt"在星形中心绘制一个正圆,填充渐变(图7-67)。

图 7-67　绘制正圆

最后画一个 1/4 圆填充渐变,作出光晕效果(图7-68),然后分别编组,就制作出红色光和蓝色光了。

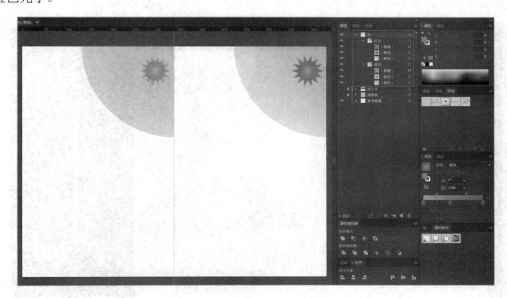

图 7-68　光晕

(4)绘制其他

绘制其他各种复合体、基因启动子、酶、转录因子、组蛋白等(图7-69)。这些都是较为常规的椭圆或者多边形填充渐变绘制,这里不做赘述。

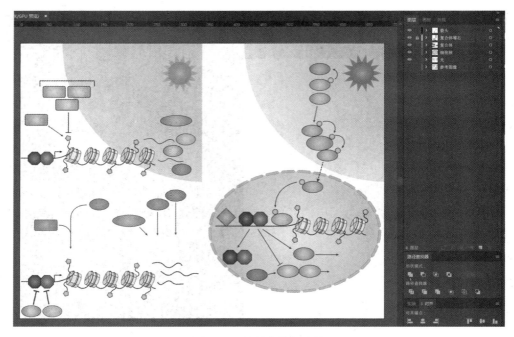

图 7-69　绘制其他复合体

（5）绘制文本图层

最后需要加上文字内容，新建一个图层，命名为"文本"，逐字添加文本（图 7-70）。

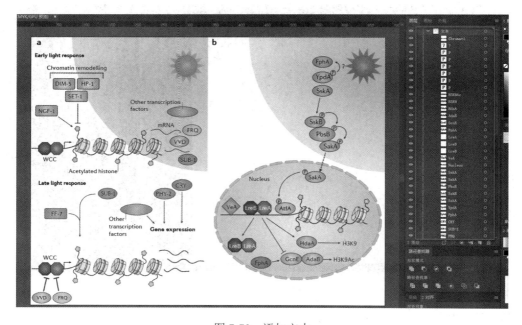

图 7-70　添加文本

在保存文档时可以选择 Illustrator 版本，杂志社经常要求较低版本的 Illustrator CS6 文件，见图 7-71。

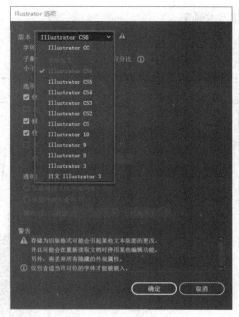

图 7-71 保存文档

7.4.2 实例 2——小肠绒毛细胞

实例 2 要模仿的插图来自 Michael C. Abt 等于 2016 年在《Nature Reviews Microbiology》期刊上发表的一篇关于结肠炎的综述（图 7-72）。这张图的绘制难点在于：绕着弧形排列的多个小肠绒毛细胞；三种免疫细胞、巨噬细胞、中性粒细胞以及 DC 细胞。想要绘制这种图形应重点掌握艺术画笔工具、符号喷涂工具以及变形等工具的使用。

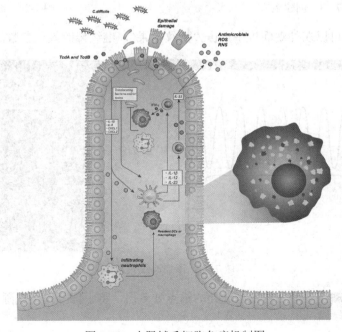

图 7-72 小肠绒毛细胞免疫机制图

（1）新建小肠绒毛细胞艺术画笔

首先使用矩形工具绘制一个矩形，使用直接选择工具框选矩形，拖动边角的小圆点改变矩形的角弧度（图 7-73）。

再用直线工具绘制一条等宽直线，选中直线，依次点击效果→扭曲和变形→波纹效果给直线添加波纹效果，如图 7-74 所示。添加完效果后点击对象→扩展外观。

Illustrator 小肠绒毛细胞

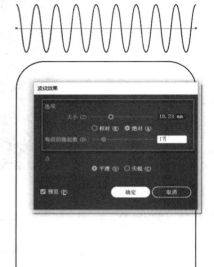

图 7-73　创建矩形　　　　　　　　图 7-74　波纹效果

扩展外观前还可以在外观面板中点击"波纹效果"，继续修改效果参数，如图 7-75 所示。

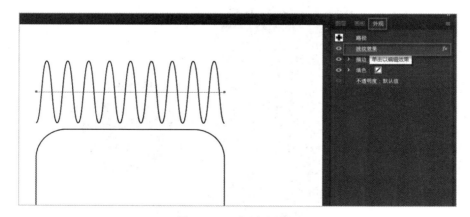

图 7-75　添加波纹效果

使用剪刀工具在矩形上红色框选处的锚点处单击，将上部分路径删除，见图 7-76。

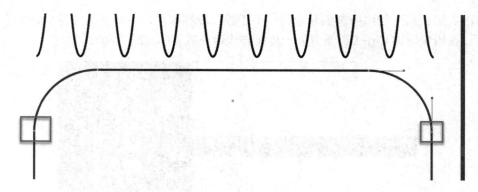

图 7-76　剪刀工具

对齐上下两条路径后,使用直接选择工具选中两个锚点,点击工具属性栏中的连接工具将两个锚点连接在一起(图 7-77)。

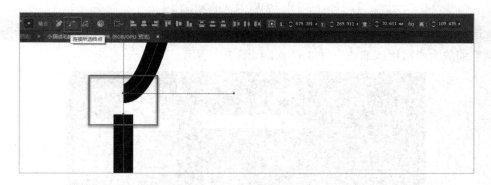

图 7-77　连接锚点

再使用添加锚点工具、直接选择工具、比例缩放工具对细胞的绒毛部分进行美化,调整下"高矮胖瘦",如图 7-78 所示,调整完后如图 7-79 所示。

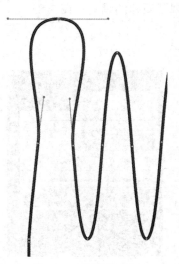

图 7-78　调整锚点

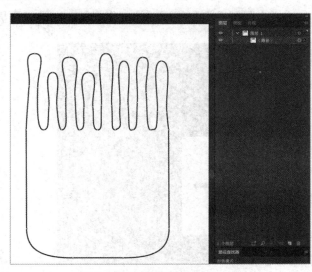

图 7-79　调整形状后的绒毛细胞

修改完形状后,使用椭圆工具绘制一个正圆代表细胞核,再多复制几份小肠绒毛细胞,注意可以使用快捷键 Ctrl+D,重复上一步操作快速完成复制(图 7-80)。

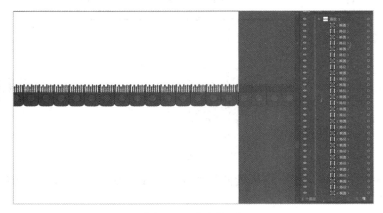

图 7-80　复制细胞

选中所有细胞,拖进画笔面板,在弹出的对话框中选择新建艺术画笔,艺术画笔选项中设置画笔缩放为"按比例缩放",如图 7-81 和图 7-82 所示。

图 7-81　新建画笔

这样小肠绒毛细胞的画笔就制作好了,在画笔面板中出现了新建的画笔(图 7-83)。

图 7-82　设置画笔选项

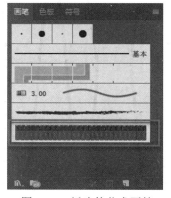

图 7-83　新建的艺术画笔

（2）使用艺术笔刷绘制小肠绒毛细胞

首先使用钢笔工具绘制如图中浅灰部分所示的路径，复制一份路径，使用剪刀工具点击选框处的锚点进行剪切，留下上半弧形部分的路径（图 7-84）。

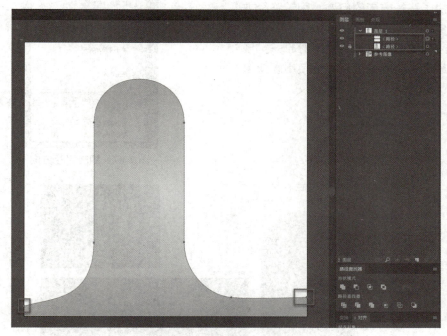

图 7-84　复制并剪切外形路径

选中弧形路径，点击新建的画笔，一个个细胞就按照路径进行排列。仔细观察发现，路径太长，导致每个细胞太大，视觉效果看起来不是很美观，接着使用快捷键 C 剪刀工具从路径的大约中间长度处（图 7-85 选框处）剪断，如图 7-86 所示，这样一段路径成为两段路径，细胞大小也符合审美。

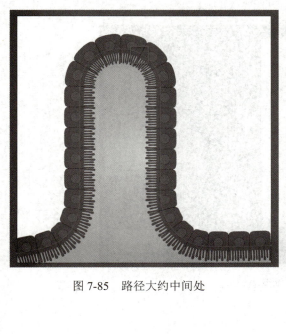

图 7-85　路径大约中间处

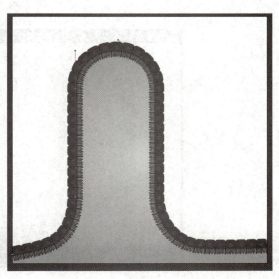

图 7-86　剪刀工具

仔细观察发现细胞绒毛朝向出了问题，点击画笔面板右上角图标，选择"所选对象的选项"，在弹出的对话框中勾选纵向翻转，这样便解决了路径方向的问题。翻转路径方向见图 7-87，纵向翻转见图 7-88。

接下来框选两段路径，点击对象→扩展外观，然后选中所有细胞，填充使用渐变填充，如图 7-89 所示。

图 7-87　翻转路径方向

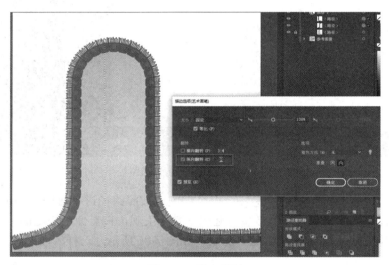

图 7-88　纵向翻转

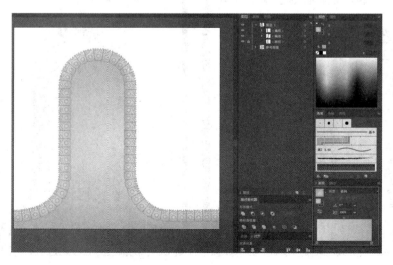

图 7-89　渐变填充

第 7 章 Adobe Illustrator 科研绘图

（3）绘制巨噬细胞、中性粒细胞、DC 细胞

① 巨噬细胞绘制　使用椭圆工具绘制一个正圆，并填充渐变，选中路径，依次点击效果→扭曲和变形→粗糙化给正圆添加粗糙效果（图7-90）。

Illustrator 其他细胞 1

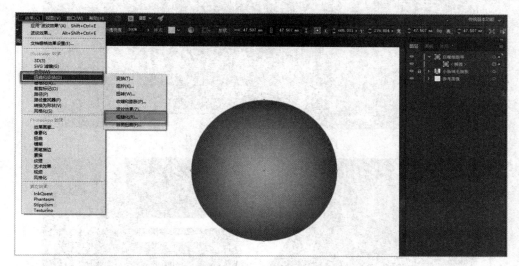

图 7-90　粗糙化效果

适当调整粗糙化参数即可得到巨噬细胞的细胞膜外形，如图 7-91 所示。巨噬细胞细胞核就是一个渐变填充的正圆，这里不做强调。

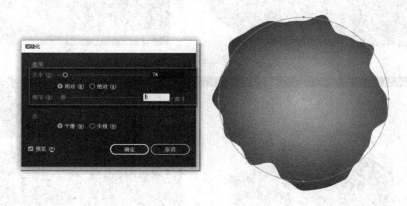

图 7-91　粗糙化参数

接下来要绘制巨噬细胞细胞质内的溶酶体、吞饮小泡、吞噬体等结构。这里要用到一个非常好用的工具——符号喷枪工具。

仿制绘制巨噬细胞细胞膜的方法，给正圆添加粗糙化效果（图 7-92）。

再把添加了粗糙化效果的椭圆拖动到符号面板中新建符号，在弹出的对话框中命名符号名称（图 7-93）。

点击符号喷枪工具 图标，再点击新建好的符号，在巨噬细胞细胞质中按住左键喷涂代表吞噬体的符号（图 7-94）。

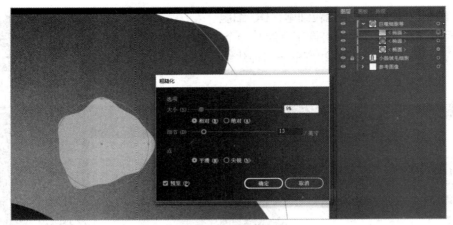

图 7-92　其他元素添加粗糙化

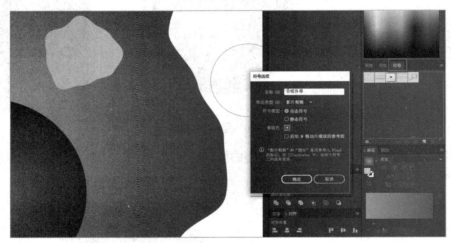

图 7-93　新建符号

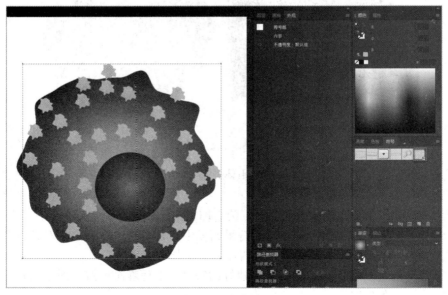

图 7-94　喷涂符号

再使用符号喷枪工具组（图 7-95）中的其他工具对这些符号进行移动、缩放、旋转等操作，让其呈现无规律性。

再按照同样的方法新建另一个符号代表溶酶体等，喷涂并调整后的效果如图 7-96 所示，这样一个巨噬细胞就绘制完成了。

图 7-95　符号喷漆工具组

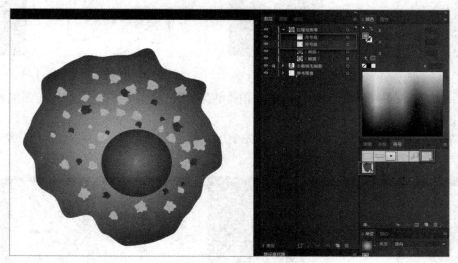

图 7-96　巨噬细胞

② 中性粒细胞绘制　首先绘制中性粒细胞的细胞膜，切换到星形工具，按住左键拖拽不要松开，使用键盘的上方向键增加星形形状的角的数目，按住"Ctrl"键拖拽鼠标调整星形外径，画出多角星形形状后使用直接选择工具选中形状，拖拽选框所示的点改变角弧度，然后填充渐变，如图 7-97、图 7-98 所示。

Illustrator 其他细胞 2

图 7-97　绘制星形

图 7-98　填充渐变

再绘制分叶状的细胞核（图 7-99），首先绘制三个纯色填充的小圆，点击斑点画笔工具（图 7-100）绘制连接三个核的分支，这时发现三个小圆以及分支合并成一个路径，这是由于斑点画笔工具绘制的形状能与相同颜色的其他形状进行交叉合并。

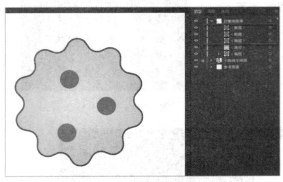

图 7-99　绘制细胞核　　　　　　　　　图 7-100　斑点画笔工具

最后添加代表中性粒细胞内部包含溶菌酶和吞噬素的颗粒，同样是使用符号喷枪工具，如图 7-101 所示。

③ DC 细胞（树突状细胞）绘制　首先使用钢笔工具勾勒出 DC 细胞参考图像外形，然后填充渐变（图 7-102）。

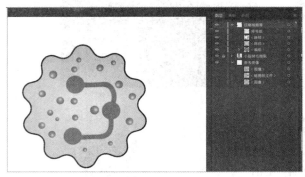
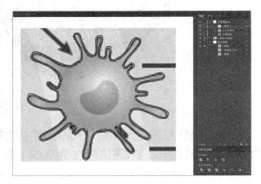

图 7-101　利用符号喷枪工具添加溶菌酶和吞噬素　　　图 7-102　钢笔工具勾勒外形

在绘制月牙形状细胞核时可以依次点击效果→变形→波形，设置样式为下弧形。波形效果见图 7-103。

使用快捷键 R 旋转一下细胞核角度，DC 细胞最终图如图 7-104 所示。

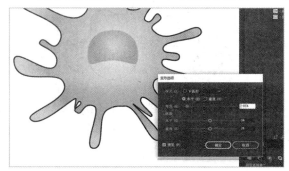
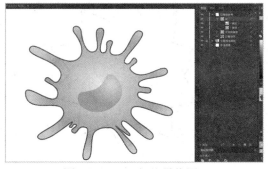

图 7-103　波形效果　　　　　　　　　图 7-104　DC 细胞最终图

（4）绘制其他各种符号

这里可以突出巨噬细胞，复制并缩放巨噬细胞，添加一个简单的渐变即可得到图 7-105 所示的效果。

（5）添加文本和箭头

最后添加文本和箭头，如图 7-106 所示，最终效果就完成了。

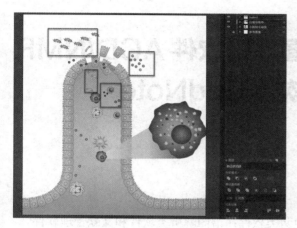

图 7-105　放大效果

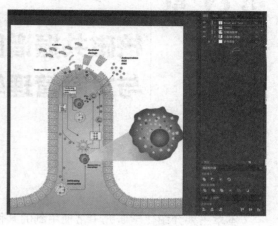

图 7-106　添加文本和箭头

小结：通过本章学习，熟悉了常用的绘图软件 Illustrator 的基本功能与使用界面。通过简单实例，学习了绘制不同形状与上色的基本操作；最后实例绘图模仿，学习了如何利用 Illustrator 绘制简单二维图形，如各种细胞膜、细胞器等。

思考题

1. 矢量图指的是什么，如何利用 Illustrator 进行矢量图编辑？
2. 如何使用路径查找器进行图形编辑？

第 8 章 核磁共振谱图解析软件 ACD/NMR 与文献管理软件 EndNote

本章主要介绍化学研究中常使用到的其他两类软件：谱图解析类软件和文献管理软件。

首先，化学研究中经常需要获取各种谱图并对其进行解析，如紫外-可见光谱、红外光谱、核磁共振谱、X 射线衍射谱、质谱等，其中核磁共振谱图是鉴别化合物结构最重要的谱图之一。核磁共振谱的分析与处理往往需要借助专业的谱图软件进行，本章将详细介绍核磁共振谱图解析软件 ACD/NMR 的基本功能与使用方法。

其次，在学习、研究中免不了要接触大量参考文献。科技论文撰写中也要进行文献的引用。利用文献管理软件 EndNote 可以大大提高文献管理与引用的效率。本章节也将详细介绍该软件的使用方法。

8.1 ACD/NMR 软件介绍

核磁共振谱图解析软件 ACD/NMR 是由 ACD/Labs 即高级化学发展有限公司［Advanced Chemistry Development（以下简称 ACD/Labs）］出品的。该公司 1994 年成立于加拿大多伦多市。ACD/Labs 公司志在为客户提供全面、创新的行业标准软件解决方案，帮助客户加速研究、增强竞争力。其专长在于光谱数据处理和预测、属性预测、分析知识管理以及科学数据的交互式报告。ACD/Labs 所开发的软件的主要功能包括未知化学物质结构解析、谱图预测和解释、分析数据处理与管理、理化性质和药物代谢毒性预测、色谱分离、新药试剂合成、化学系统命名等。

ACD/Labs 的分析数据整合软件平台为化学结构鉴别和化学分析提供解决方案。分析数据整合软件包括 1D 和 2D NMR（核磁共振）、MS（质谱）、UV-IR（紫外和红外）、Raman（拉曼光谱）、曲线（Curve）、色谱（Chromatography）等。软件与大多数仪器厂家的数据格式相兼容，并可对其数据进行处理和储存，通用性很好，使用方便。

ACD/NMR Processor 为 ACD/Labs 旗下众多模块中的一个，能帮助用户实现核磁共振谱图的处理与结构匹配，所提供的 ACD/NMR Processor Academic Edition 12 是面向学术界的免费软件（图 8-1），功能十分强大。

图 8-1 ACD/NMR Processor Academic Edition 软件版权申明

8.1.1 ACD/NMR Processor 的主要功能

ACD/NMR Processor 的主要功能有以下几项：

① 包含 1D 和 2D NMR 数据处理以及 ACD/ChemSketch 画图软件。

② 兼容性好，可以处理包括 Bruker、Varian、Thermo Scientific、JEOL、Tecmag、ASCII、GE、Acorn NMR、Lybrics、JCAMP、MSI Felix 等主流公司的核磁共振数据。

③ 自动获取多重谱峰信息，按照国外著名期刊要求导出数据，可直接用于文章的发表或论文的写作。

④ 宏命令自动处理谱图。

⑤ 一键处理傅里叶转换、相位校正、基线校正等。

⑥ 支持手动、自动取峰和积分。

⑦ 数据能按照强度或者等值线图表显示。

⑧ 应用 Magnitude spectrum（幅度谱）、Power spectrum（功率谱）以及 Symmetrization（对称化）命令对谱图进行处理。

⑨ 谱图叠加处理功能。

⑩ 可将 1D 谱图添加到 2D 谱图中。

⑪ 通过化学位移和偶合常数建立 2D 核磁谱图。

⑫ 另外还具有差谱处理、化学结构导入、谱图注释标记、自动识别氘代试剂等功能。

该软件搭配 NMR Predictor 还可以实现自动验证化学结构与谱图的匹配度，以及自动归属 1D 和 2D 核磁共振数据。

8.1.2 ACD/NMR Processor 的使用简介

下面介绍 ACD/NMR Processor 的基本操作，如利用软件导入核磁共振原始数据的方法，傅里叶变换将原始数据转变为谱图的方法，谱图的相位校正、基线校正，氘代试剂峰的识别和标记的方法，峰的选取，化学位移的标注和峰面积积分的方法，以及偶合常数的获取方法。

（1）工作界面介绍

在 ACD/NMR Processor 安装文件夹即 ACDFREE12 文件夹，用鼠标双击 SPECMAN.exe

图标，进入图 8-2 所示界面，界面中的白色窗口区域为工作区域。在导入相关的核磁共振的原始数据并进行处理后，相应的核磁共振谱图将在工作区域显示，并可以进一步操作。

图 8-2 ACD/NMR Processor 工作界面

（2）数据导入

导入核磁共振数据的方法有两种。

① 方法 1：点击操作界面中最左边红色的文件夹按钮，或者通过 File/Open 选择所要打开的数据。

② 方法 2：将 FID 文件直接拖入 ACD/NMR Processor 窗口。本章节用于示范的文件的路径为 C:\ACDFREE12\EXAMPLES\SPECMAN\1DNMR\CATECHIN.FID，读者可以在自己的计算机上选择类似的核磁共振数据原文件。数据导入后，软件的工作界面将如图 8-3 所示，工作区域中显示的是按正弦规律振荡、按指数规律衰减的核磁共振信号（free induction decay，FID）。

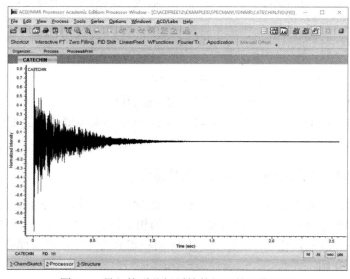

图 8-3 导入核磁共振原始数据后的工作界面

（3）查看谱图参数

选择菜单栏中的 View/Spectrum Parameter 这一项，将能够查看到采集核磁共振氢谱的相关参数（图 8-4），如采样时间（Acquisition Time）、采样次数（Number of Transients）、采样温度（Temperature）、仪器的共振频率（Frequency）、所使用的氘代试剂（Solvent）等。这些基本信息将方便后期对核磁共振谱图的分析，例如可以根据氘代试剂判断核磁共振谱图中的溶剂峰，从而减少对样品谱图解析的干扰。

Parameters

Parameter	Value
Acquisition Time (sec)	2.5593
Comment	catechin in DMSO-d6 (INOVA 400-MHz)
Date	3 Feb 1999
Date Stamp	3 Feb 1999
File Name	C:\ACDFREE12\EXAMPLES\SPECMAN\1DNM
Frequency (MHz)	400.12
Nucleus	1H
Number of Transients	8
Original Points Count	12288
Points Count	12288
Pulse Sequence	s2pul
Receiver Gain	38.00
Solvent	DMSO-d6
Spectrum Offset (Hz)	2000.4985
Spectrum Type	STANDARD
Sweep Width (Hz)	4801.34
Temperature (degree C)	AMBIENT TEMPERATURE

图 8-4　核磁共振谱图参数表

（4）Shortcut 功能键

对于本软件的初学者，可以使用 Shortcut 功能键来处理核磁共振的原始 FID。Shortcut 键所包括的功能可以通过 Option/Shortcut 选项来自行定义，相关内容包括零点充填（Zero Filling）、窗口函数（Window Function）、傅里叶变换（FT）、相位调整（Phase）、基线调整（Baseline）、检测外来信号（Detect strong extraneous signals）、显示动作选择（Show Action Selector）等（图 8-5）。设置好以后点击 Shortcut 功能键时，程序将按照预设条件处理核磁共振的原始数据和谱图。下面用一个核磁共振氢谱的处理来示范。

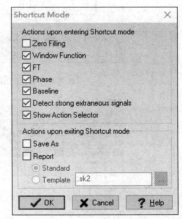

图 8-5　用户自定义 Shortcut 功能键所包含的功能（Option/Shortcut 选项）

当点击 Shortcut 功能键时，即可将 FID 信号转换为核磁共振频率谱图，同时可以标记出谱图中的溶剂峰，溶剂峰以深色区域显示，在峰的上面用文本框显示溶剂的名称。首次使用 Shortcut 功能键时会弹出对话框来选择相关操作的缺省设置，包括对选定区域的操作，在普通峰上点击时的操作，以及在多重峰上点击时的操作（图 8-6）。对选定区域（Select Area）的操作包括：定义多重峰和积分（Define Multiplet and Integral），注释或设置暗区（Annotate/Set Dark Region），或者在选定区域时再让用户选择（Ask）。在普通峰上点击时的操作包括：选择或删除峰（Pick/Delete Peak），设置为内标（Set Reference），或者在普通峰上点击时再让用户选择（Ask）。在多重峰上点击时的操作包括：编辑多重峰（Edit Multiplet），增加新的归属（Add New Assignment），或者在多重峰上点击时再让用户选择（Ask）。

(5) 谱图的放大和缩小

在本软件的使用中，鼠标的运用十分重要。滚动鼠标中间的滚轮可以纵向放大与缩小谱峰；点击鼠标右键，会出现放大图标，然后将鼠标从左拖到右，可以局部横向放大所需要放大的部位。这些读者可以在后期的学习中逐步掌握。例如，可以通过鼠标选择横向放大化学位移在 3.55～4.60 之间的峰（图 8-7），然后通过滚动鼠标中间的滚轮进行纵向放大（图 8-8）。软件的菜单区域中放大/缩小功能按钮分别可以实现横向放大、矩形放大、手动放大、回到上次、显示全图以及显示范围锁定的打开或关闭（图 8-9）。通过这些功能按钮，用户可以实现特定谱图区域的放大或缩小，使谱图的处理更加方便快捷。

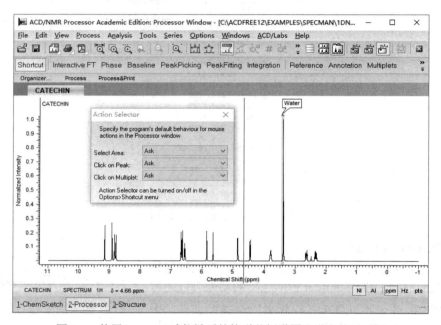

图 8-6　使用 Shortcut 功能键后的核磁共振谱图和弹出的对话框

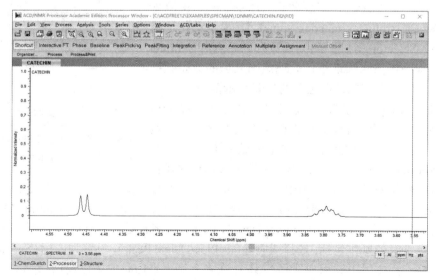

图 8-7　谱图的横向放大示例

第 8 章　核磁共振谱图解析软件 ACD/NMR 与文献管理软件 EndNote　**161**

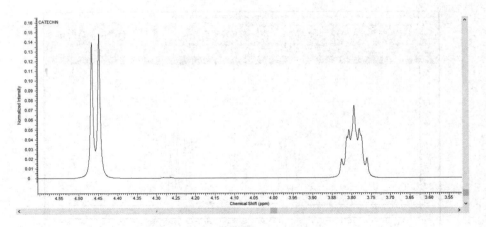

图 8-8　谱图的纵向放大示例

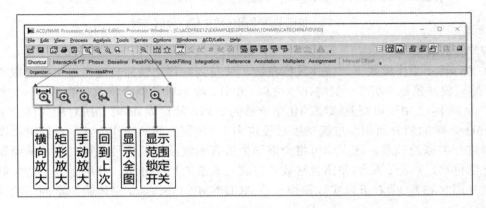

图 8-9　ACD/NMR Processor 软件中的放大/缩小功能按钮

（6）化学位移的定标

核磁共振谱图的化学位移内标的确定十分重要，只有指定了内标才能确定化合物各组峰的化学位移。选中溶剂峰，单击鼠标左键后选择 Set Reference，软件将主动识别所用的氘代试剂，并弹出氘代试剂对话框，点击 "OK" 即可选定该氘代试剂的化学位移作为内标。图 8-10 中显示的是常见的氘代试剂的化学位移数据。由于本例中所采用的氘代试剂为 DMSO-d6，当选中溶剂峰以后，系统将自动识别其为 DMSO-d6，并将其化学位移（2.500）设为内标，其他峰的化学位移将以此为参照（图 8-11）。

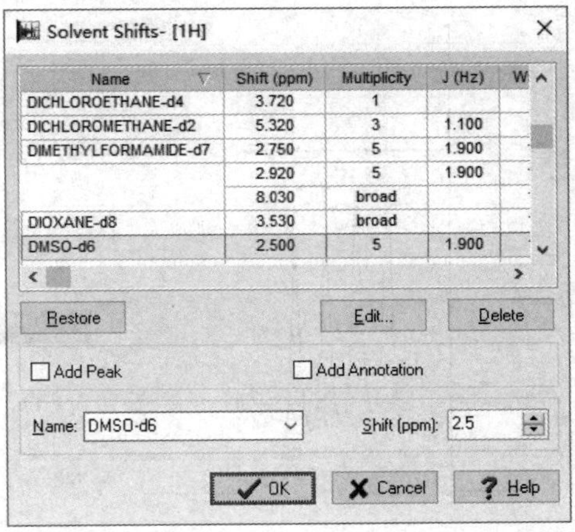

图 8-10　作为内标的氘代试剂的化学位移及其他信息

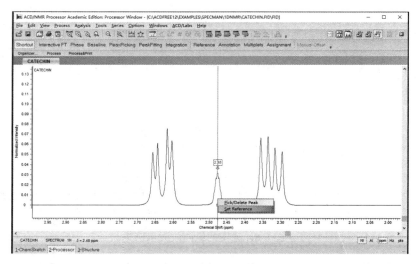

图 8-11　核磁共振谱图化学位移内标的选择

(7) 峰的编辑

在 Shortcut 工作模式下,按住鼠标左键,从左到右移动鼠标直至涵盖所要选取的峰的范围,然后放开鼠标,便可一键将化学位移、积分、峰形以及偶合常数等数据一一标识(图 8-12)。从图 8-12 中可以得到该峰的化学位移为 2.35,峰形为 dd 峰,所对应的偶合常数为 8.1~16Hz,峰的积分面积经过编辑以后设定为 1。按照上面的操作方法,可以对谱图中的其他峰进行类似的处理,这样即可将全谱图中所有的氢原子的信号进行处理,从而得到它们的化学位移、积分、峰形和偶合常数,完成对氢谱的相关分析,并用于分子结构的解析和确定(图 8-13)。读者可以实际操作一下 ACD/NMR Processor 来体验和掌握这款软件的使用方法。

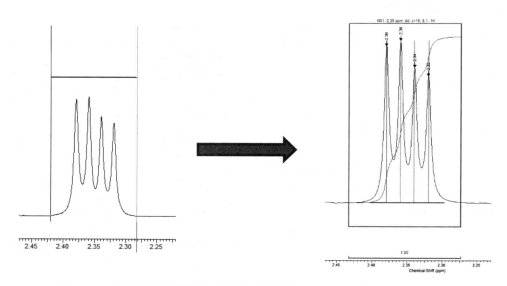

图 8-12　一键选择选取峰的范围并得到化学位移、积分、峰形以及偶合常数

第 8 章 核磁共振谱图解析软件 ACD/NMR 与文献管理软件 EndNote

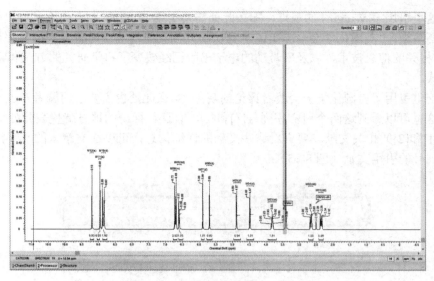

图 8-13 完成编辑以后的氢谱全图

8.2 文献的引用

8.2.1 文献的规范化引用

按规定,在科技论文中,凡是引用前人(包括作者自己)已发表的文献中的观点、数据、材料等,都要在文中出现的地方予以标明,并在文末列出参考文献的详细情况。所引用的文献应该贯彻忠实于原始文献的原则,不应该添加个人的观点和评论。引文信息应准确无误,格式要符合出版要求。

那么在科技论文中如何表示引用文献呢?下面以李晓霞等人在《化学进展》期刊上发表的名为《Internet 推动的化学信息学重要进展》的文献为例来讨论(图 8-14)。

图 8-14 李晓霞《Internet 推动的化学信息学重要进展》节选

如图 8-14 所示,作者在文中写道:"Garry Wiggins 一篇论文的标题'Chemistry on the Internet :The Library on Your Computer'准确地描绘了 Internet 为化学专业人员获取信息带来的变化,即如果不考虑是否收费,利用一台连接 Internet 的计算机,理论上可以访问和获取所有已经电子化的化学信息[1]。"

因为这里引用了 Wiggins 的观点，那么此处需要引用 Wiggins 发表的论文。

作者还写道："美国化学会会志 JACS 在庆祝其创刊 125 周年时曾发表编者评论[2]认为，Internet 及相关的信息技术，以及所带动的电子出版已经改变了科学研究的方式和学生学习新知识的方式。"

因为这里引用了美国化学会会编者评论的观点，那么此处也需要引用编者发表于 JACS 的论文。在这里可以看到这两个引文序列号[1]和[2]，有这种标识的地方就代表此处引用了序列号分别为[1]和[2]的相关文献。要查看这些文献的详细信息，可以在文章末的"参考文献栏"找到相应序列号的引用文献（图 8-15）。

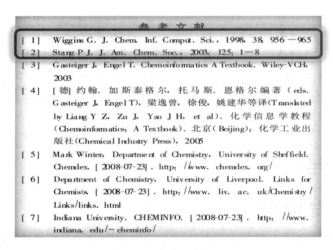

图 8-15　参考文献显示

进一步看这 2 段引文信息各自代表什么意思（图 8-16）。引文的打头部分通常为作者的名称，比如 Wiggins G.，这里 Wiggins 是作者的姓，G 是作者的名的第一个字母。接下来是期刊名称：J. Chem. Inf. Comput. Sci.，也就是期刊 Journal of Chemical Information and Computer Science 的缩写。后面的这些数字依次为文献出版年份、所在期刊卷号与页码。依据这些引文信息就可以通过数据库检索快速定位该文献全文。比如在 SciFinder 数据库的期刊检索中，输入上述信息：期刊名、卷号、页码、作者名、年份，即可找到该文献。

图 8-16　参考文献格式显示

8.2.2　引用文献的意义

为什么学术论文中必须引用文献呢？理由可归纳为以下几点。

① 有益于维护作者知识产权，体现严谨、求实的科学态度。在以前课程中曾经提到过，科学研究具有传承性，新的科研成果都是在继承前人成果的基础上的，在自己的论文中提到

别人的研究成果而不注明出处，这种行为在学术研究中被视为一种剽窃行为。因此，参考文献的引用在科技论文中是必不可少的，这也反映了作者实事求是的治学态度，体现了对前人作者研究成果的尊重。

② 节省了论文篇幅　一般科技论文篇幅在 10 页以内，论文中前人已提出的论点可引用文献，并在文中进行标注。读者因此可根据引文查看一次文献，从而避免文中的赘述和材料的堆积，节省了篇幅，使语言更加精炼。

③ 提供了文献信息来源与检索途径，便于读者查阅原始文献；可用于引文分析，根据被引情况对期刊水平做出客观评价，促进科学情报和文献计量学的研究发展。

8.2.3　引用文献注意事项

引用文献是科技论文写作中必不可少的一部分，在引用文献时有以下注意事项。

① 引用与论文相关的文献　作者应该遵循引用文献的全面性原则，精心挑选与论文直接或间接相关并且是自己亲自阅读过的最能代表该方面研究成果和水平的文献进行引用并著录，不必罗列众所周知的或一般教科书中的常识性、知识性内容的文献。

② 引用的文献具有新颖性　在引文与论文相关的基础上，理应引用国内外最新的文献，一般以 5 年以内为宜，以突出论文的创新性，提高论文的学术水平。

③ 引用的文献数量应适当　从文献引用的角度来衡量一篇论文质量的高低，一般是以文献的引用是否正确合理与充分为标准的，但有些科技论文省略了文献或著录的文献过少，如仅著录两三条几年前出版的中文专著文献，说明作者的文献意识薄弱，引用国内外近期参考文献不足，对前人研究的成果阅读有限，研究未能紧密结合相关研究进展，目前我国的科技期刊论文的参考文献数量以不少于 15 条/篇为宜，作者和编辑都应增强文献意识，在撰文或加工稿件时不要随意删除参考文献。

④ 参考文献标注要规范　参考文献的格式包括序列号的格式与引文书目的格式。正规学术期刊一般在投稿说明时会规定引用文献的格式，在提交论文时需要反复核对以保证文献格式的统一和标注的正确性，否则将会被要求进行修改甚至拒稿。

8.3　文献管理工具 EndNote

化学专业学生在很多情况下常常需要搜索、阅读大量相关文献，在论文撰写中也需要输入格式规定细致的引文。这时往往需要文献管理软件帮助高效的文献管理与引文输入。EndNote 软件就可以有助于解决因文献太多而苦恼的问题，它就像是一个电子文献柜，可以把文献信息一条条地快速下载、收集并分类。文献信息包括引文、pdf 文档、文章网址，这些信息都可以通过 EndNote 保存下来，需要的时候可以轻松查找，写作的时候可以随意调用。

8.3.1　EndNote 简介

EndNote 软件是 Thomson 公司的官方软件，使用语言为英语，它是众多文献管理工具中的佼佼者，也是各大数据库和搜索引擎通用的文献软件。它的主要功能如下。

① 能直接连接上千个数据库，并提供通用的检索方式，提高了科技文献的检索效率。

② 能直接从网络数据库，如中国知网搜索相关中文文献并导入到 EndNote，可管理文献

数达十万条。

③ 利用 EndNote 在 Word 中可以很方便地边书写论文边插入参考文献，书写过程中不用担心插入的参考文献会发生格式错误或连接错误。

总的来说，EndNote 的应用不仅仅局限于投稿论文的写作，对于课程论文与学位论文的写作也会起到很好的帮助作用。

双击"EndNote"图标运行该软件，如果是首次运行会出现如图 8-17 所示页面，第一个图标"Learn about EndNote"为了解软件相关知识，中间图标"Create a new library"为建立一个新的文献库，第三个图标"Open an existing library"为打开已有的文献库。

在这里 library 就是文献库的意思，EndNote 文件就是文献库文件，选择中间的图标建立一个新的文献库，会出来一个对话框，需要给文献库文件命名，可以用它初始名称"My EndNote Library"，也可以自己取个名字，然后设定它的所在位置，点击保存。这时在保存地址就会出现新建的两个文件，一个是".enl"文献库文件，一个是同名的.data 文件。注意文献库的格式为.enl 格式，就像 Word 格式能打开.doc 文档一样，EndNote 只可以打开.enl 格式的文献库文档。

图 8-17　EndNote X6 启动界面

点击保存，就可以看到 EndNote 的界面了（图 8-18）。上部是菜单栏，有常用的"File"（文件），"Edit"（编辑），"References"（文献）等菜单。下面这一栏是常用工具栏，把鼠标移动到这些图标上就会有注释说明，比如最左边这三个图标代表不同的文献库模式，比如第一个图标是"Local Library Mode"（本地文献库模式），也就是已保存在电脑上的文献库，第二个图标是"Online Search Mode"（在线搜索模式）与第一个图标的不同于在线模式搜索到的文献不会保存在电脑上，第三个图标是混合模式。随着这三个图标的切换，下方的"My Library"（我的文献库）信息栏格式也会随之变换。中间部分，上方是搜索栏，可以进行本地与在线文献的快速搜索，下方是信息栏，是文献库中的文献列表，因为还没有将文献信息导入文献库，这一栏就是空的，右边是每篇文献的详细信息。

第 8 章　核磁共振谱图解析软件 ACD/NMR 与文献管理软件 EndNote | 167

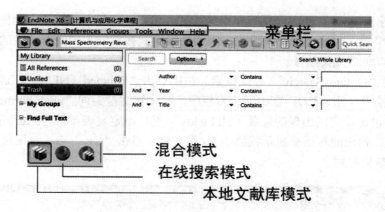

图 8-18　EndNote 界面

8.3.2　EndNote 的文献导入与检索

要利用 EndNote 软件管理引文（引用文献），首先需要将需要的引用文献导入 EndNote。下面以中文文献的导入为例，当需要将 2016 年发表的主题为"植物激素的检测"的中文文献导入 EndNotes 软件并加以管理时，应该进行的操作步骤大致如下。

（1）从中国知网导入文献

① 打开中国知网 www.cnki.net，在搜索栏中输入"植物激素　检测"，点击"检索"。

② 在检索结果中，点击 2016 年文献链接，得到文章列表。

③ 在选项框勾取本页所有文献。

④ 点击"导出/参考文献"。

⑤ 在出现的页面左边栏点击"EndNote"，这是将导出的引文格式选取为 EndNote 可识别的格式，然后点击"导出"。

⑥ 在弹出的对话框中选择用 EndNote 打开，即点取"打开"，打开程序选"EndNote"，然后点击"确认"，这样文献就导入了 EndNote，同时可以看到文献的"Author"（作者名）、"Year"（发表年份）、"Title"（文献标题）与"Journal"（文献所在期刊），点击一篇文献可在右边信息栏看到这篇文献的详细信息，比如"ISSN 号""Keywords"（关键词）、"Abstract"（摘要）等。

⑦ 最后给这些文献建立群组并命名，以便管理。点击左栏的"My Group"（我的群组）按键，然后点击鼠标右键，在弹出的选项中选择"Create Group"（建立群组），这样界面会出现一个框，输入这些文献的命名，这里输入"植物激素检测 2016"按回车键，这样群组就建好了，最后一步是将导入的文献放在这个群组中，在中间信息栏选择多个文献（Ctrl+单击），选定后点击鼠标右键在弹出的菜单中选择"Add references to"，将所选文献加入"植物激素检测 2016"群组即可。可以在中间文献列表中，删除或将其他导入文献加入群组，这些操作通常是选择文献后，点取鼠标右键，然后选择相应操作来完成。

（2）EndNote 在线搜索导入文献

EndNote 在线搜索功能只能搜索英文数据库，因此也只能搜索英文文献。EndNote 能连接的英文化学类数据库有 Pubmed 与 Web of Science 等，它们出现在左边导航栏。下面介绍如何利用 EndNote 在线检索 Pubmed 数据库，并将检索结果导入。

① 设置搜索模式　首先找到工具栏中的三个图标，比如第一个图标是"Local Library Mode"（本地文献库模式），也就是搜索已保存在电脑上的文献库；第二个图标是"Online Search

Mode"（在线搜索模式）；第三个图标是混合模式。可以选择第二个或第三个图标，即在线搜索模式或混合模式。建议选择在线模式，因为在线模式搜索结果中没有选定的文献不会存入本地文献库，以免搞乱文献库。

② 在左栏"Online Search"（在线检索）栏中单击"Pubmed（NLM）"，选择 Pubmed 数据库进行文献检索（图 8-19）。在中间检索栏中，输入英文检索词"phytohorme analysis"（植物激素分析），设定检索词出现的位置"All Fields"，然后限定发表年份"Year"设定为"2016"，点击"Search"，弹出的对话框显示找到了 20 篇文献，点击"OK"确认，很快，20 篇英文文献就出现在文献信息栏。

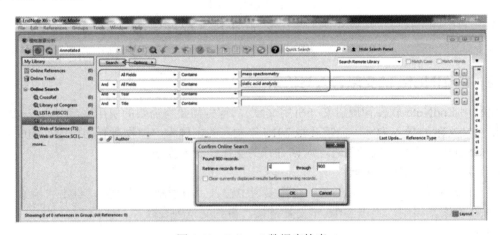

图 8-19　Pubmed 数据库检索

③ 全选该文献，然后点击鼠标右键选择"Add References To"→"植物激素检测 2016"，就将文献导入了。

④ 点击"Local Library Mode"（本地文献库模式），在"植物激素检测 2016"群组中可以看到，英文文献已保存。

至此，完成了中英文文献的检索与导入。

8.3.3　使用 EndNote 插入参考文献

接下来介绍利用 EndNote 在给出的 Word 文字中插入刚刚导入 EndNote 中的植物激素的相应文献，并设定格式。具体步骤如下：

① 打开要插入引文的 Word 文档内容，以这段文字植物激素研究文字为例："耿雨蕙等人研究了 6-BA、2,4-D、IAA、NAA、IBA、KT 对腊梅（*Chimonanthus praecox*）愈伤组织诱导的影响，并探索了愈伤组织诱导的最适培养基配方。Leljak-Levanic 等人研究了西葫芦胚性组织休眠期中内源和外源植物激素的调控作用。"

首先可以利用作者名在 EndNote 文献库中找到相应的文献，如耿雨蕙的文献，单击 Author 栏，文献便会以作者名顺序排列，找到耿雨蕙等人的文献，确认无误后，单击选定。

② 回到 Word 文档中，把鼠标移到想要插入引文序列号的地方；在 Word 菜单栏找到 EndNote 插件，点击；在插件中找到"Insert Citation"（插入引用文献）→"Insert Selected Citation(s)"（插入选定的引用文献）（图 8-20）。

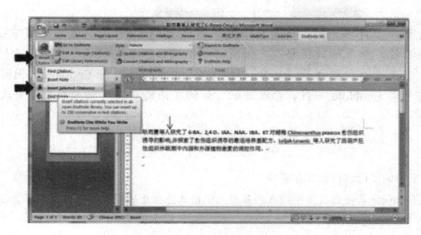

图 8-20　Word 中插入引文

可以看到序列号 1 在鼠标所在位置自动形成，参考文献的引文自动出现在原文字段落之后（图 8-21）。

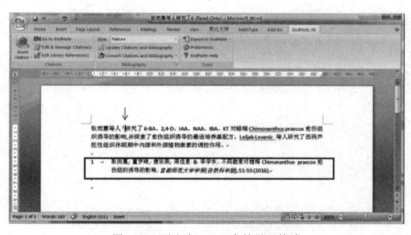

图 8-21　引文在 Word 中的显示格式

采用同样方法，在另一处插入引用文献，注意参考文献的序列号和引文都是自动生成的，非常方便，格式大部分是一致的。可以在 Word 上方工作栏中看到该引用文献格式，"style 格式"为《Nature》采用的格式，如果想更改引用文献格式，那么点击下拉栏，下面有许多期刊的格式可以选用，如点击《J Amer Chem Society》（美国化学会志），那么引用文献格式立刻改为注明期刊《美国化学会志》采用的格式。

如果不使用 EndNote，手动输入参考文献引文与序列号是很容易出错的，但是适用了 EndNote 就不需要花时间来核对序号与相应引文，尤其当要修改格式时，只需要在 Word 中点击两次鼠标，大大节约了时间，提高了工作效率。但值得注意的是，由于网上下载的引文格式问题，最后一般要将文后 EndNote 生成的参考文献引文改为文本格式，然后逐一核对格式。具体做法是在 Word 的 EndNote 插件中找到"Convert Citations and Bibliography"（转变引文）中的"Convert to Plain Text"（转变为纯文本）选项，然后手动修改。

小结：该章节详细介绍了核磁共振谱解析软件 ACD/NMR。通过本章学习可掌握该软件的重要功能，如原始数据导入，谱图的相位校正、基线校正、氘代试剂峰的识别和标记方法，以及峰面积积分等。此外，还介绍了文献管理软件 EndNote。同时，还详细介绍了如何利用 EndNote 下载、管理文献。如何在论文撰写中插入引文、更改引文格式。

思考题

1. 平时常用的谱图解析软件有哪些？
2. 利用 EndNote 软件在文章中插入的参考文献格式完全正确吗？如部分有误怎么办？

第 9 章 学位论文排版

近年来,我国政治、经济、文化和社会水平快速发展,对高等教育培养的规模和质量都提出了更高的要求。而学位论文作为大学生就学期间最重要的一项任务,不仅反映了学生本人的专业素养和科研能力,更是其综合素质的一种体现,是高校教育质量的一个直接反映。但是,我国高等教育学位论文目前仍存在各种各样的问题,除了各种学术性问题外,论文格式规范混乱,论文格式错误也是屡见不鲜。一方面是因为学位论文篇幅长、章节多,收录内容庞杂、形式多样。而另一方面是因为目前有些高校学位论文格式规范要求过于简单甚至模糊不清,导致学生缺乏具有实际指导价值的参考标准,从而加剧了这一问题。可以说学位论文的撰写亟需规范。值得注意的是早在 1987 年我国就已经发布了论文国家标准 GB 7713—1987《科学技术报告、学位论文和学术论文的编写格式》。2006 年又发布了最新的国家标准 GB/T 7713.1—2006《学位论文编写规则》(以下简称《规则》)。该《规则》是国务院学位委员会办公室推荐的学位论文格式规范的国家标准,对学位论文的学术规范与质量保证具有重要的参考和指导作用,应大力倡导并积极贯彻实施。

明确了《规则》之后,完全可以利用当今发达的软件技术来自动完成论文格式的规范工作。遗憾的是,目前学位论文的格式调整工作还是完全靠学生本人自己摸索,指导教师纠正。没有规范化指导,调整论文的格式需要不少时间,从而导致在内容创新上花费的精力相对更少。不仅如此,调整格式时也难免会出现错误;指导教师发现论文中存在的格式错误也同样不易。因此,如果能根据格式规范,建立一套简易的办公软件(如 Word)快速进行论文格式设定与调整,将会为学生和指导教师减少不必要的工作量,让他们将更多精力集中在内容创新方面,进而提高学术论文的质量。

本章节将依据《规范》要求,介绍学位论文格式规范化设定的重点,并手把手教给大家如何利用 Word 快速进行学位论文格式的设定。

本章主要内容包括文档的新建及保存,页面布局的设置,样式的使用,列表的使用,章节标题的设置,题注和交叉引用,页眉、页脚、页码的设置,目录的自动生成以及常用的小技巧汇总等内容,使用的 Word 版本为 Word 2016,本章学习内容较多,建议对照步骤仔细操作,慢慢学习;另外,建议大家不要使用 WPS 等软件代替 Word。

9.1 文档的新建与保存

首先，需要新建一个文件并且及时保存并命名文件，设置自动保存能够及时地保留所做的工作，以免软件崩溃导致工作成果功亏一篑。

① 新建文件并保存命名　打开 Word 程序后，单击"文件"，选择新建选项，新建空白文档，如图 9-1 所示。

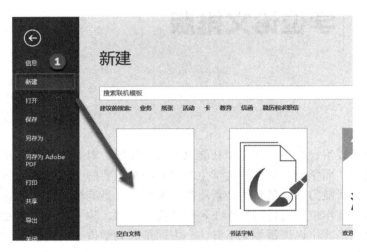

图 9-1　新建文档

② 设置自动保存　在使用 Word 过程中，为了避免因电脑卡顿或死机导致 Word 程序崩溃而丢失重要的文件，需要设置自动保存。依次单击"文件""选项""保存"，更改"保存自动恢复信息时间间隔"为 5min，电脑会每 5min 自动保存一次文件，这样既不会使电脑太卡，也不会在出现意外时损失过大，当然也可以设置为更短的时间，如图 9-2 所示。

图 9-2　设置自动保存

③ 保存文件　单击左上角小图标可以保存当前的文档，也可以使用快捷键"Ctrl+S"保存文件，如图 9-3 所示。

图 9-3　保存文件

9.2　页面设置

文档的页面设置是排版的第一步，利用它可以规范文档的布局和结构，包括页面布局设置，页面分隔符的设置，目录的生成与页眉、页脚、页码的设置。

最新的国家标准《规则》将学位论文分为 5 个组成部分，见图 9-4。在页面设置前，应该按照这样次序编排文章结构。

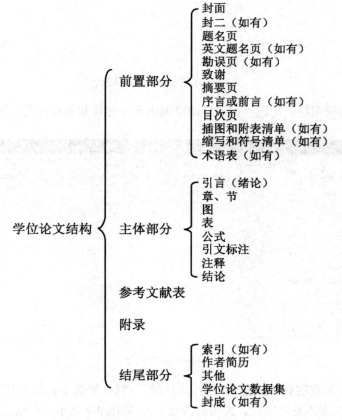

图 9-4　学位论文结构图

9.2.1 页面布局设置

页面布局设置中最常用到的就是页边距、装订线与纸张大小的设置,这里以 A4 纸、上下左右边距 2cm、装订线在左侧 1cm 为例对页面进行设置。

(1)设置标尺及标尺单位

Word 中标尺的使用也常常被大家忽视,标尺在对齐文本、表格和图片以及设置页边距、缩进等时可发挥很大的作用。水平标尺和垂直标尺见图 9-5。

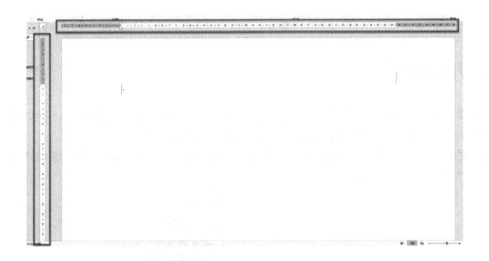

图 9-5 水平标尺和垂直标尺

点击菜单栏的视图栏,勾选"标尺"即可调出水平标尺和垂直标尺,如图 9-6 所示。

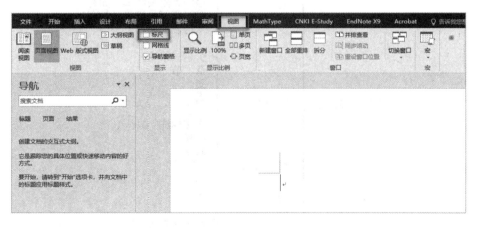

图 9-6 调出标尺

调出标尺后仔细观察标尺上面的刻度可以发现,默认情况下是以字符为单位的,一行可输入 39 个字符(在宋体五号字默认页边距情况下),如图 9-7 所示。不过这样的标识,其实没有太大的用处,尤其在制表、作图时,字符单位会阻碍精准作图,很不直观,所以有必要将标尺修改成以厘米作为单位。

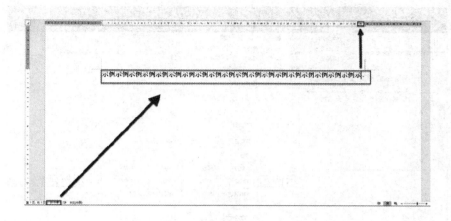

图 9-7　标尺默认单位

点击文件菜单栏，选择"选项"，在 Word 选项对话框中点击"高级""显示"，设置度量单位为"厘米"，并且取消勾选"以字符宽度为度量单位"，如图 9-8 所示。

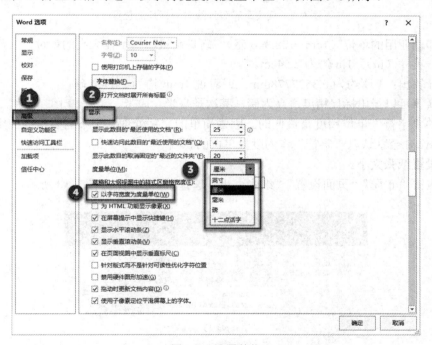

图 9-8　设置单位

返回 Word 界面，可看到标尺的单位已经转换为以厘米为单位了，"L"形页面边界线左侧距离文档边界 3cm，"L"形页面边界线距离文档上边界 2cm，这样在设置页边距、装订线时一目了然，如图 9-9 所示，设置了以厘米为单位后变得非常方便。

Word 的标尺单位非常之多，需要根据排版需求不同，设置不同的标尺单位，以实现不同精准程度的排版。如果排版精度要求高，就用毫米、磅等单位；排版精度要求低，就用"字符"、厘米等单位。

下面简单列出几个常用单位的换算，供读者参考。

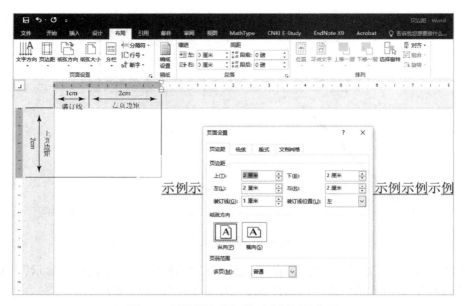

图 9-9　页边距和装订线对应标尺的位置

磅是印刷业用的单位（1cm = 28.346 磅）。磅是衡量印刷字体大小的单位，一磅约等于七十二分之一英寸（in）。1in 约为 2.54cm。

从而计算出：1 磅约为 0.3527778mm，或者说 1mm 约为 2.8346 磅。

通过换算可以得出标尺精度最高为磅，其次是毫米、厘米、英寸和十二活字。

标尺的"字符"单位精度是最低的。因为简单的文字处理几乎不需要精准的定位。这就是为什么 Word 会默认以"字符"作为度量单位的原因。

（2）设置纸张大小。

依次点击"布局""页面设置""纸张大小"选择 A4 纸张，如图 9-10 所示。

图 9-10　设置纸张大小

（3）设置页边距和装订线距离。

点击"布局""页面设置""页边距"，点击自定义边距，这里设置页边距为 2 cm，装订线在左 1cm，如图 9-11 和图 9-12 所示。

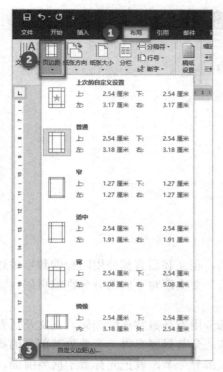
图 9-11 设置页边距（一）

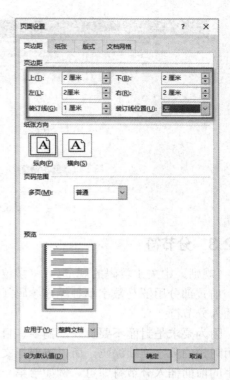
图 9-12 设置页边距（二）

9.2.2 目录的生成

论文的前置部分最难设置的是目次页，也就是常说的目录，目录不是手动一个一个打出来的，Word 中有更简单的方法插入目录。

只需在需要插入目录的位置单击鼠标，然后依次单击"引用""目录""自动目录 1"，如图 9-13 所示。

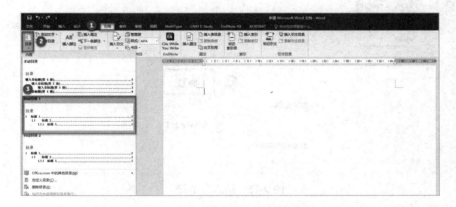
图 9-13 插入目录

还没有设置样式级别之前，目录还是空的，如图 9-14 所示，目录的更新将在后续小节讲到。

图 9-14　空的目录页

9.2.3　分节符

《规则》中关于页码的规定为："学位论文的页码，正文和后置部分用阿拉伯数字编连续码，前置部分用罗马数字单独编连续码（封面除外）。"要实现对不同部分分别编页码，需提前插入分节符。

因为要求是封面不要页码，摘要、目录等前置部分用罗马数字连续编码，正文及后置部分用阿拉伯数字连续编码。所以需要把文档分成三节。分节只要在每一个要分节部分的第一个字的前面插入分节符即可。例如给第一部分和第二部分分节，就把光标置于摘要前面，点击"布局""页面设置""分隔符""分节符""下一页"即可，如图 9-15 所示。

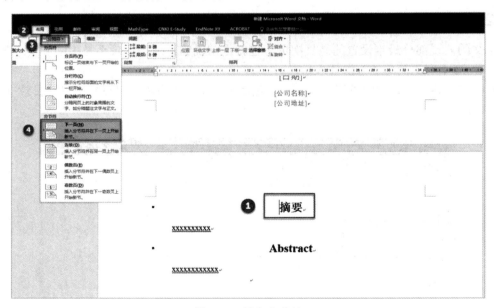

图 9-15　插入分节符

如图 9-16 所示，双击页眉处，可以看到封面所在页为第 1 节，摘要所在页为第 2 节，相同的方法，在正文前也插入分节符，最终文档分成三部分，如图 9-17 所示。

分节符可将格式设置分隔开，例如页边距、页码设置、页面方向等。这里插入分节符的目的是分隔页码，让三部分的页码设置独立开来，使其不会相互影响。

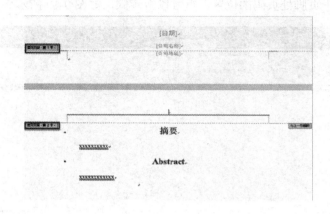

图 9-16　页眉设置

图 9-17　分节设置

9.2.4　页眉、页脚、页码的设置

① 取消"链接到前一条页眉"　给需要的地方插入分节符以后，就可以按要求分别给各小节插入页码了，双击需要文档顶部有页眉的位置，文档会打开"设计"栏的"页眉和页脚工具"的隐藏窗口。将光标置于此小节的第一页文档的页眉位置，会看见文档右侧有"与上一节相同"字样。点击顶部导航窗口的"链接到前一条页眉"按钮即可取消"链接到前一条页眉"，如图 9-18 所示。

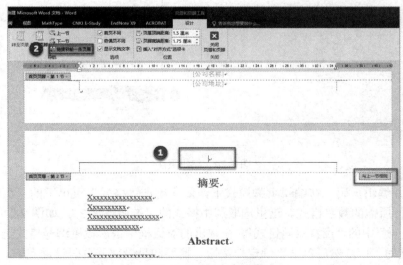

图 9-18　页眉内容设置

然后光标再置于页脚处页码的位置，重复以上步骤，如图 9-19 所示。

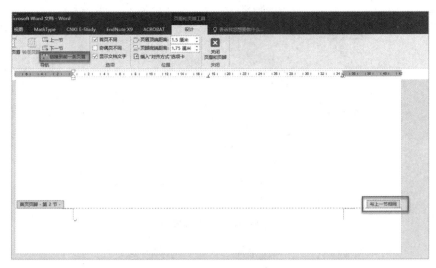

图 9-19　页脚处页码设置

② 进入编辑页脚模式　在菜单栏中依次单击"插入""页脚""编辑页脚"，如图 9-20 所示，或者直接双击页面下方直接编辑页脚。

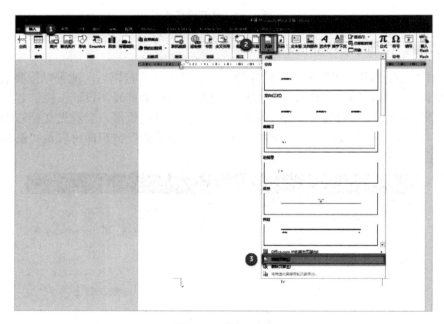

图 9-20　编辑页脚

③ 插入并编辑页码　在编辑页脚模式下，依次单击"格式"菜单下的"页码""页面底端"，然后选择所需的数字格式。这里选取居中格式的"普通数字 2"，如图 9-21 所示。

单击"页码"中的"设置页码格式"，在弹出的对话框中依次设置编号格式选择罗马数字，起始页码设置为"1"，然后单击"确定"按钮，摘要和目录部分页码设置完毕，如图 9-22、图 9-23 所示。

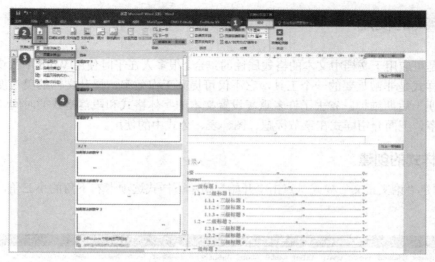

图 9-21 页脚设置

图 9-22 设置页码格式(一)

图 9-23 设置页码格式(二)

记得取消勾选"首页不同"选项。

④ 在设置正文和后置部分的页码时,插入形如"第 X 页"(X 为阿拉伯数字编码)页码。首先,重复步骤③直到页码设置。编号格式选择阿拉伯数字"1,2,3"即可,如图 9-24 所示。

然后直接在阿拉伯数字的前面和后面打上"第""页"字样,整个小节的页码样式就可以全部运用了,如图 9-25 所示。

图 9-24 设置数字编号格式

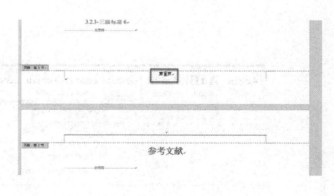

图 9-25 页脚内容

9.3 样式的使用

样式是可应用于文档中文本的格式属性的集合。很多人在平时使用 Word 中很少使用到样式，其实样式是非常重要的一个工具，它不仅可提高工作效率，提升文档的美观度，更重要的是非常便于后期维护，省去了许多重复设置文本的字体格式和段落格式的时间，大大提高了工作效率。下面介绍样式在章节标题、图、表、公式中的使用。

9.3.1 样式的创建

① 创建"论文正文"样式 点击"开始"菜单下样式选项卡右下角的小三角，如图 9-26 所示。

图 9-26 创建新样式（一）

在弹出的选项中点击创建样式，修改样式的名称，命名为"论文正文"，如图 9-27 和图 9-28 所示。

图 9-27 创建新样式（二）

② 修改样式 新样式创建完后，样式栏中就会新增这个样式，在新建的"论文正文"样式图标上点击鼠标右键，选择"修改"，修改此样式，如图 9-29 所示。

图 9-28 命名样式

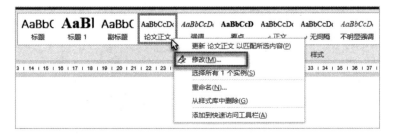

图 9-29 修改样式

在设置论文样式时，不要直接修改样式里的正文样式。因为样式中的标题样式、公式样式等所有的默认设置都是基于正文样式设置的。修改正文样式，会牵一发而动全身影响其他样式。

在弹出的对话框中将后续段落样式链接到"论文正文"，并对样式中的字体按照学校毕业论文要求进行设置，以中文使用宋体小四号，英文使用 Times New Roman 小四号为例，如图 9-30 所示。

设置完样式的字体格式后，还需要对样式的段落格式进行设置，点击左下角"格式"栏，选择段落，进入格式的段落设置，如图 9-31 所示。

以对齐方式选择两端对齐，首行缩进 2 个字符，行距选择 1.5 倍行距为例，如图 9-32 所示。

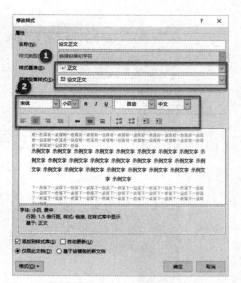

图 9-30　设置样式的字体格式

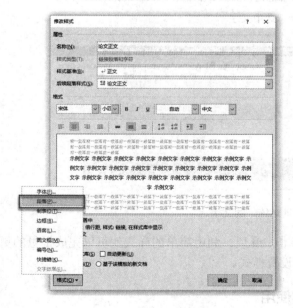

图 9-31　选择段落设置

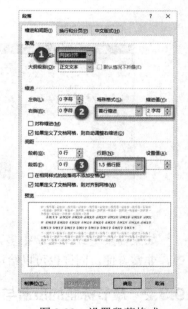

图 9-32　设置段落格式

③ 使用样式　设置好样式后，在正文样式下手动输入一段格式非常不统一的文字，如图 9-33 所示。

选中这段文字，点击前面创建的"论文正文"样式，这段文字就变成了之前设置好的"论文正文"风格的文字了，如图 9-34 和图 9-35 所示。

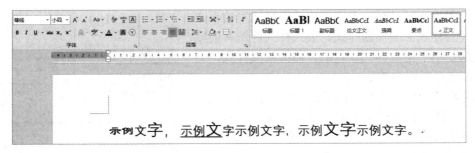

图 9-33　输入格式不统一的文字

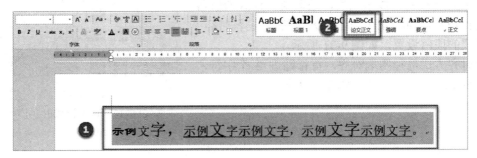

图 9-34　选中文字

图 9-35　风格统一的文字

如果需要更改的文字很多，手动更改会非常麻烦，利用简单的样式就可以完成批量的更改，非常方便，同样也可以给标题、摘要等设置样式。

9.3.2　章节标题的设置与多级列表的使用

一篇论文开始写之前，需要开始着手章节标题的设置。这会直接影响到后面论文批量修改和自动生成目录的效果。《规则》建议章节划分参照 CY/T 35—2001《科技文献的章节编号方法》。《科技文献的章节编号方法》中指出："科技文献的第 1 级层次为'章'，它是科技文献的基本划分单元，通常从 1 开始连续编号。每一章下可依次再分成若干连续的第 2 级层次的'节'，还可以进一步细分为第 3 级、第 4 级层次的'节'。节的编号只在所属章、节范围内连续。为使章节编号易于辨认和引用，章节的层次划分一般不超过四级。书写章节编号时，在表明不同级别章节的每两个层次号码之间加'圆点'，圆点加在数字的右下角，但终止层次的号码之后不加圆点。"

这种编号的方式显得论文结构严谨、漂亮美观，如图 9-36 所示。而且这种编号是系统自动生成的，不是人工输入的，下面以图 9-36 为例学习制作这种自动编号标题样式。

① 在正文样式下依次输入各级标题内容，如图 9-37 所示。并对各级标题分别使用样式"标题 1""标题 2""标题 3"，得到默认状态下的标题，如图 9-38 所示，其字体、段落、行距以及缩进等还需要进一步通过修改样式来设置。

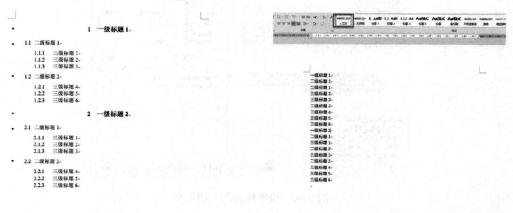

图 9-36　一种标题样式　　　　　　　　图 9-37　输入标题

② 设置标题样式　按照 9.3.1 小节中"论文正文"样式的设置方法修改"标题 1""标题 2""标题 3"三个标题样式的字体、段落等，如图 9-39 所示。

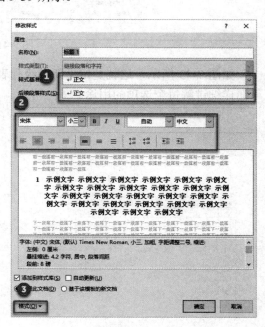

图 9-38　使用默认样式后的标题　　　　图 9-39　设置"标题 1"样式

注意在设置标题样式的段落时，特别要注意大纲级别的设置，"标题 1"样式由于是给一级标题使用的，故在设置样式"标题 1"的段落时，要将大纲级别设置为 1 级，二级标题使用的样式"标题 2"段落大纲级别设置为 2 级，以此类推，如图 9-40 所示。

③ 多级列表对话框　　点击"开始",在"段落"栏中点击"多级列表"小箭头,选择"定义新的多级列表",如图 9-41 和图 9-42 所示。

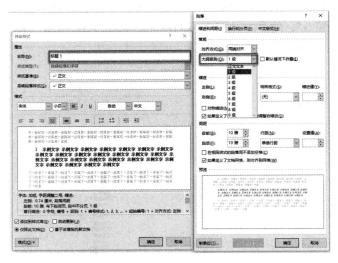

图 9-40　设置样式的大纲级别

图 9-41　多级列表

如图 9-43 所示,这就是定义新多级列表的对话框,由于这部分比较难懂而困扰许多人,下面详细讲解每个选项的用途。

图 9-42　定义新的多级列表

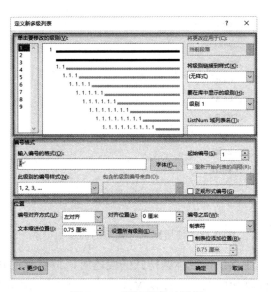

图 9-43　多级列表对话框

多级列表设置菜单分为三块，如图 9-43 所示，上部分框起来的是各个列表级别与对应的样式之间的关系，中间框起来的是编号的格式设置，下部分是编号的位置设置选项。

a. 列表与样式　左上角竖行的数字 1～9 代表了列表级别，右侧选项栏"将级别链接到样式"的作用是将对应的具有各种大纲级别的样式链接到列表级别，通常对于多级列表编号这种具有逻辑从属关系的，列表级别一般与大纲级别一致。比如样式"标题 1"大纲级别为 1，就将样式"标题 1"链接到第一级列表。

"要在库中显示的级别"会把当前所选择的级别的对应样式直接应用到光标所在的段落。举个例子当把光标的位置放在文本"示例文字"的后面，点开多级列表，修改"要在库中显示的级别"，比如改为级别 2，那么"示例文字"这段话就应用了级别 2 的样式，如图 9-44 和图 9-45 所示。更改任意一个列表级别中的"要在库中显示的级别"选项，其他列表级别中的"要在库中显示的级别"选项都会随之一致。如在第二级别中更改"要在库中显示的级别"为级别 2，那么再点击 1、3 级别会发现"要在库中显示的级别"也变为级别 2。

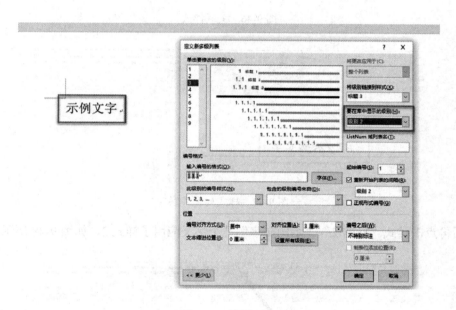

图 9-44　编辑列表

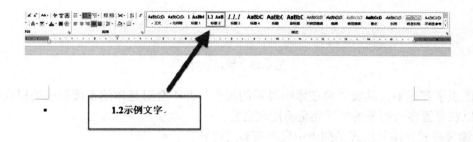

图 9-45　样式设置

那么将光标移动到文本"示例文字"后，把"要在库中显示的级别"设置为级别 3，这段话将应用列表级别 3 链接绑定的样式"标题 3"了，如图 9-46 和图 9-47 所示。

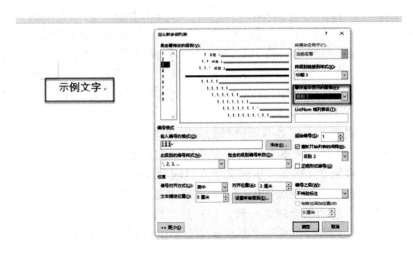

图 9-46 关联样式

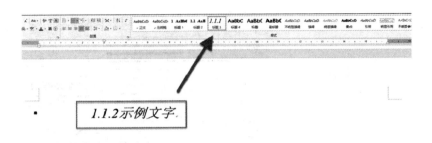

图 9-47 样式列表关联

然后再点击样式"标题 2","示例文字"几个字又应用了样式 2,如图 9-48 所示。

图 9-48 样式应用

上面说了那么多,其实"要在库中显示的级别"并不会对整体的多级列表的样式发生改动,所以在设置多级列表的时候完全不用理会它。

b. 编号格式　编号格式是列表中最为重要的内容。

如图 9-49 所示,在"输入编号的格式"中,灰色的"1"是带有格式的,代表的是此级别的编号,在灰色的"1"前后都可以输入文本。

应用这种编号格式,如图 9-50 所示。

有的学校规定一级标题是"第一章 xxx"而不是"第 1 章 xxx",这应该怎么办呢?

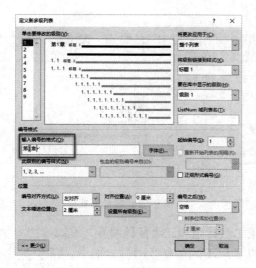

图 9-49　编号格式

图 9-50　标题列表

这就要改变编号样式了,在"此级别的编号样式"中选择简体汉字"一、二、三","第 1 章"便改成了"第一章",如图 9-51 和图 9-52 所示。

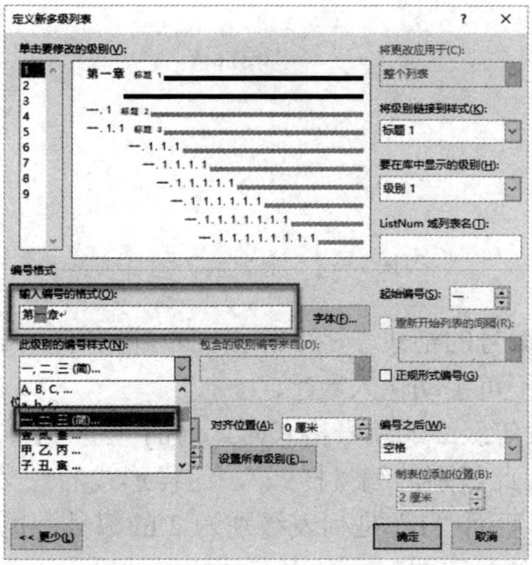

图 9-51　修改编号样式

图 9-52　编号形式

如图 9-52 所示，如果二级标题和三级标题编号样式不是想要的，想要将"一.1"改为"1.1"，将"一.1.1"改为"1.1.1"，只需要在 2、3 列表级别设置的时候勾选"正规形式编号"即可，如图 9-53 所示，在缩略图中也可以直观地观察到各级标题的编号方式。

最终的标号方式如图 9-54 所示。

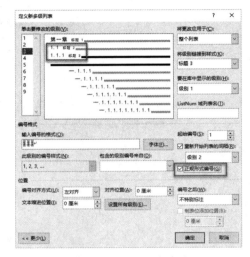

图 9-53　正规形式编号

图 9-54　不同形式编号

值得注意的是，"输入编号的格式"栏中除去文本外所有的编号应当都是灰色的，是带有"逻辑关系"性质的，千万不可手动输入数字。

举个例子，在设置列表等级 2 的编号格式时，前面一个"1"是"包含的级别编号来自级别 1"，后面一个"1"是"此级别的编号样式"，这样形式的意义是"1.1"前面的"1"是列表级别为 1 的编号，"1.1"后面"1"是列表级别为 2 的编号，也就是当前正在设置的编号，如图 9-55 和图 9-56 所示。这种形式有一种内在的从属关系，千万不要手动输入"1.1"。

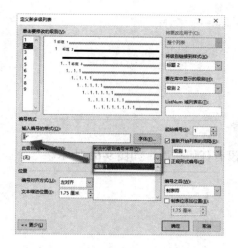 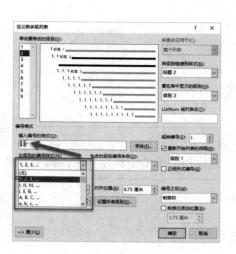

图 9-55　包含的级别编号来自级别 1　　　　图 9-56　此级别的编号样式

"重新开始列表的间隔"在设置 2、3 及其以上列表级别时必须勾选，选择的级别要是上一级别，比如在设置列表级别 3 时，"重新开始列表的间隔"要勾选并且选择"级别 2"，如图 9-57 所示。

如果不勾选"重新开始列表的间隔"，将会出现如图 9-58 所示情况，第二章的第二级标题将会延续上章的第二级标题继续往后编号（纽约州、华盛顿州…），第二节的第三级标题将会延续上节的第三级标题往后编号（长沙、岳阳、郑州、开封…）。

c. 编号位置　　"编号之后"选项后面可以是"制表符""空格""不特别标注"，如图 9-59 所示。当选择"空格"时，编号和标题文本之间有一个灰色的空格，如图 9-60 所示。

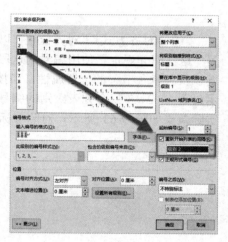

图 9-57　重新开始列表的间隔

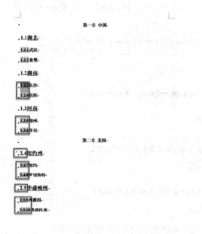 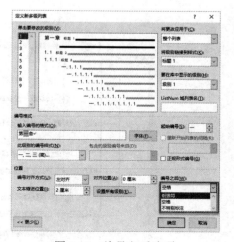

图 9-58　不勾选导致的编号出错　　　　图 9-59　编号之后选项

图 9-60　空格

当选择"不特别标注"时,编号和文本之间便没有任何东西,如图 9-61 所示。

图 9-61　不特别标注

"编号对齐方式""对齐位置"以及"文本缩进位置"这三部分规定了使用编号的这段文字(也就是标题以及各章各节)的位置属性,当按照如图 9-62 所示设置 1、2、3 三个列表级别的编号位置后,编号的实际效果如图 9-63 所示,对照着标尺看起来非常清晰明了。

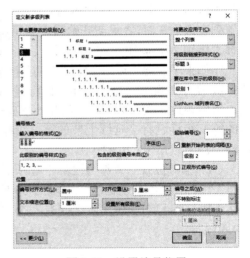

图 9-62　设置编号位置

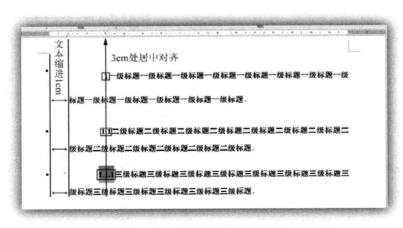

图 9-63　编号位置的实际效果

④ 设置各级列表　学习了多级列表菜单中各个选项的功能后，想要设置图 9-36 这种样式的编号方式就轻而易举了。

设置列表级别为 1 级的标题时，首先将级别链接到"标题 1"，这样就相当于将列表级别为 1 的编号赋予样式"标题 1"；输入编号的格式选择数字编号，最后起始编号设置为 1，如图 9-64 所示。

设置列表级别为 2 级的标题时，类似地将级别链接到样式"标题 2"，并且勾选"重新开始列表的间隔"，选择级别 1，如图 9-65 所示，列表编号为 3 的设置与级别 2 类似，这里不再重复。

 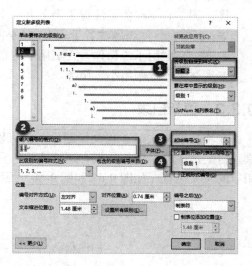

图 9-64　设置列表级别为 1 级的编号格式　　　　图 9-65　设置列表级别为 2 级的编号格式

⑤ 标题自动生成编号　设置好各级列表后回到 Word 编辑视图中就发现标题已经自动编号了，最终的效果如图 9-66 所示，非常简单快捷，而且避免了手动输入易出现的错误。

图 9-66　标题自动生成编号

《规则》中提及："章、节的编号全部顶格排，编号与标题之间空一格字符间隙。章的标题占两行。正文另起行，前空 2 个字起排，回行时顶格排。"但是对于章、节的字体大小和段落格式没有明确标注，以下列为常用的格式设置为例。

封面标题：黑体一号居中，行间距为 1.2 磅，少于 25 字。
中英文摘要：小四号宋体、Times New Roman，行间距为固定值 20 磅。
目录：五号宋体、Times New Roman，单倍行距。
一级章标题：小二号黑体、Times New Roman，居中，段后间距 30 磅。
二级节标题：三号黑体，顶左，段后间距 18～24 磅。
三级节标题：四号黑体，顶左，段后间距 12～15 磅。
四级节标题：小四号黑体，段后间距 6～9 磅。
图：图 1-1 ××× 图题注置于图下方，小四宋体居中。
表：表 1-1 ××× 表题注置于表上方，小四宋体居中，表中内容为五号和 Times New Roman。
致谢：标题用小二黑体，正文用小四楷体。
参考文献：标题用小二黑体。

9.3.3　更新目录

在将标题样式赋予正文标题后，就可以对目录进行更新。点击"更新目录"即可得到目录。自动生成的目录都是带有超链接的，只要按住"Ctrl"键，点击目录，文档就会瞬间转到相应的正文位置。如图 9-67 和图 9-68 所示。

图 9-67　更新目录

图 9-68　生成的目录

若是未成功生成目录，多半跟标题样式的大纲级别设置错误有关。依次点击"引用""目录""自定义目录"，在弹出的对话框中选择"选项"，在"有效样式"中更改大纲级别，比如此文档的一级标题（使用的样式为"标题1"）和摘要、参考文献、附录、致谢（使用的样式为"摘要、参考文献、附录、致谢"）大纲级别同属于 1 级，二级标题（使用的样式为"标题 2"）大纲级别为 2 级，三级标题（使用的样式为"标题 3"）大纲级别为 3 级，如图 9-69 和图 9-70 所示。

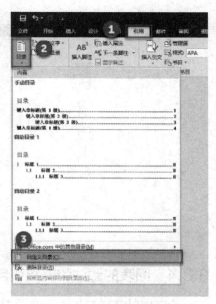

图 9-69　自定义目录

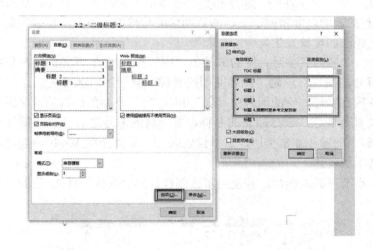

图 9-70　设置样式的大纲级别

这时会发现自动插入目录时最重要的是提前对标题的样式进行设置。那么如何查看大纲级别和文章的结构呢？只需点击"视图""大纲视图"就可以查看大纲视图了，在大纲视图里很清晰地发现文章分为三个节，如图 9-71 和图 9-72 所示。

图 9-71　大纲视图（一）

图 9-72　大纲视图（二）

9.3.4　图表的题注和交叉引用

论文中时常需要插入一些图表或公式，并且要对图表或公式进行标注，也就是题注。在行文中，也时常需要引用图片或公式，比如"如图 3.1.2 所示、如表 3 所示、见方程（5）"等等，这时需要使用交叉引用功能。题注和交叉引用最大的好处在于它们是与图片或公式通过"域"联系在一起的，所以非常便于文档的后期修改与维护，不会出现因为插入一张图而要修改剩余其他图的题注的现象发生。

《规则》规定："图应有编号。图的编号由'图'和从'1'开始的阿拉伯数字组成，图较多时，可分章编号。图宜有图题，图题即图的名称，置于图的编号之后。图的编号和图题应置于图下方。表应有编号。表的编号由'表'和从'1'开始的阿拉伯数字组成，表较多时，可分章编号。表宜有表题，表题即表的名称，置于表的编号之后。表的编号和表题应置于表上方。"由于图和表的题注非常类似，这里仅以图为例简要介绍 Word 中题注与交叉引用的使用技巧，对表格不做赘述。

① 在 2.2.3 小节下插入图片，并使用事先创建好的"图片"样式（图 9-73）。

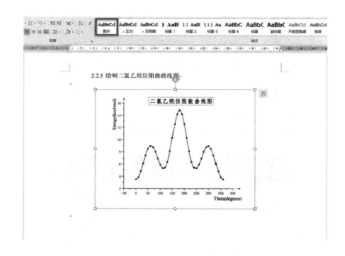

图 9-73　插入图片

② 在图片上点击鼠标右键,选择"插入题注",在弹出的对话框中的标签除了常见的 Figure、Equation、Table 等,还可以自己点击"新建标签";然后选择"编号",编号格式选择数字,由于是在 2.2.3 小节下插入图片,所以章节起始样式选择样式"标题 3",那么题注编号变化的就是第 4 个数字,如图 9-74 和图 9-75 所示。

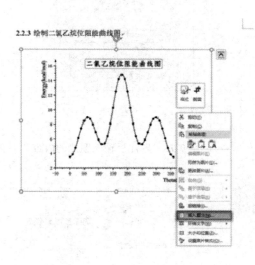

图 9-74　插入题注

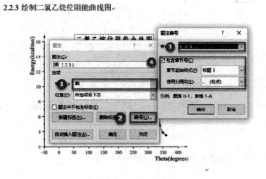

图 9-75　设置题注

最后在题注栏输入题注的内容,比如输入"二氯乙烷位阻能曲线图",题注位于图下方,点击确认,如图 9-76 所示。

③ 修改题注样式　如图 9-77 所示,插入的题注字体格式不标准,可以通过更改题注样式来使所有题注格式得到统一。点击"样式"右下角的三角,可以看到此时的题注使用的正是样式"题注",修改此样式,可以得到符合要求的题注,如图 9-78 所示。

2.2.3 绘制二氯乙烷位阻能曲线图

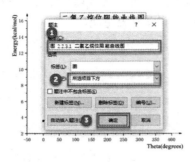

图 9-76　题注栏输入题注的内容

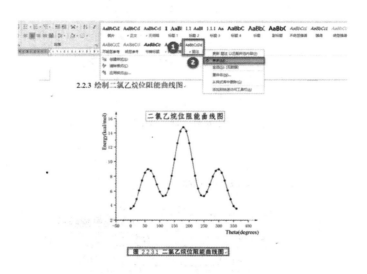

图 9-77　字体格式不标准的题注

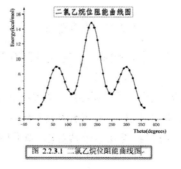

图 9-78　字体格式标准的题注

④ 交叉引用的使用　如图 9-79 所示，论文正文中想引用刚才插入的二氯乙烷位阻能曲线图，首先点击"引用"菜单栏，接着点击"交叉引用"，如图 9-80 所示。

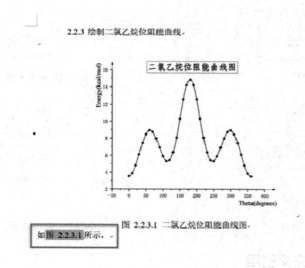

图 9-79　正文引用图片

图 9-80　交叉引用

在弹出的对话框中，引用类型选择新建的标签"图"，引用内容选择"只有标签和编号"，这样就只引用了"图 2.2.3.1"这部分内容了，点击确定完成题注的交叉引用，如图 9-81 所示。

⑤ 更新域　如图 9-82 所示，当修改文章时，假如在二氯乙烷位阻能图前面插入一张图，二氯乙烷位阻能图的题注会自动更新为"2.2.3.2"，但是引用部分没有变，还是"如图 2.2.3.1 所示"，这时候交叉引用和题注的优势就体现出来了，在引用处点击鼠标右键，选择"更新域"，引用部分自动变为"如图 2.2.3.2 所示"，如图 9-82 和图 9-83 所示。

如果需要对整篇文章更新域，只需使用快捷键"Ctrl+A"，然后点击右键"更新域"。

图 9-81　更改编号

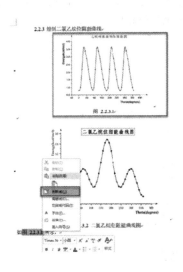
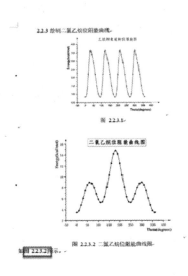

图 9-82　插入图片　　　　　　　　　　图 9-83　更新域后的引用

9.3.5　公式的题注和交叉引用

《规则》规定："论文中的公式应另行起，并缩格书写，与周围文字留足够的空间区分开。如果有两个以上的公式，应用从'1'开始的阿拉伯数字进行编号，并将编号置于括号内，公式的编号右端对齐…，公式较多时，可分章编号。"可以看到，公式的编号与图表的都不一样，需要在公式的右端插入题注，通常有两种方法实现，分别是表格法和制表位法，由于制表位法较为烦琐，这里只介绍表格法。

① 在公式所在行居中插入一行三列的表格。首先使用快捷键"Ctrl+E"设置行居中，依次点击"插入""表格"插入 3×1 的表格，如图 9-84 和图 9-85 所示。

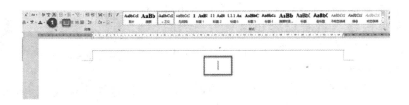

图 9-84　插入公式

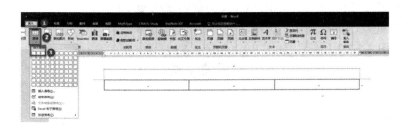

图 9-85　公式编辑

② 修改表格属性　由于插入的表格中间列用来插入公式，右侧列用来插入题注，为了适应公式的长短需要对每列的宽度进行调整，也就是将中间列调宽点。此外，为使公式与编号严格对齐，还需要设置单元格边距为零。

首先在表格第一列单元格内右键，选择"表格属性"，弹出"表格属性"对话框；切换至"单元格"标签，点击右下角"选项"按钮，弹出"单元格选项"对话框；取消"与整张表格相同"复选框，并设置上下左右边距为零，点击"确定"，如图 9-86 所示。

然后设置"度量单位"为百分比，"指定宽度"为 15%，"垂直对齐方式"选择居中，点击"确定"，如图 9-87 所示。

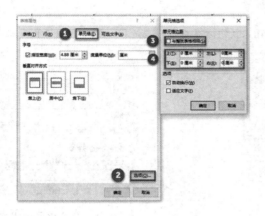

图 9-86　表格调整　　　　　　　　　　　　图 9-87　表格文字编辑

用同样的方法设置中间列和右边列，中间单元格指定宽度选择 70%，右边单元格宽度选择 15%，边距也都设置为 0。

③ 在中间列插入公式，这里以勾股定理公式为例，如图 9-88 所示。

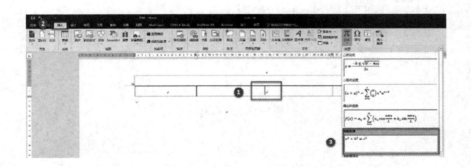

图 9-88　公式输入

在表格外空行处点击插入题注，并在英文输入法状态下新建标签"("，点击"确定"回到对话框，如图 9-89 所示，选择编号，按照图 9-90 设置编号，点击"确定"。

在题注"（1-1"后面输入一个英文的右括号"）"，点击"确定"后就插入了题注，如图 9-91 所示。

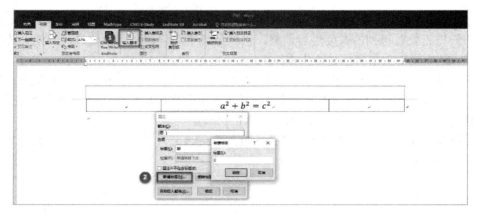

图 9-89　输入新建标签

图 9-90　公式编号输入　　　　　　　　　图 9-91　公式编号形式编辑

接下来将编号剪切至表格的右单元格中,并设置右对齐(快捷键为 Ctrl+R),设置好题注样式,如图 9-92 和图 9-93 所示。

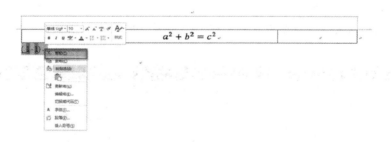

图 9-92　公式编辑

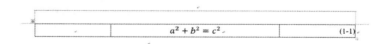

图 9-93　公式最终样式

注意粘贴题注时选择"保留源格式",另外题注在左括号和 1 之间有个空格可以手动删除,如图 9-94 所示。

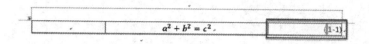

图 9-94　公式编号样式调整

④ 最后一步就是去掉表格的边框了，选中表格右键，选择"无框线"（图 9-95），这样就看不见表格的框线了，公式的题注也就插入完成了，最终效果如图 9-96 所示。

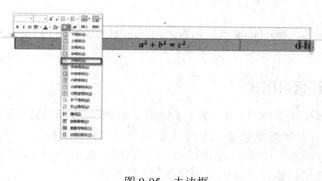

图 9-95　去边框

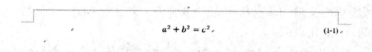

图 9-96　公式样式

⑤ 公式的引用跟图表的引用类似，这里不做赘述，如图 9-97 和图 9-98 所示。

图 9-97　公式引用

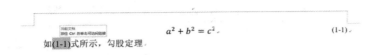

图 9-98　公式交叉引用

9.4　参考文献

《规则》中关于参考文献的著录项目和著录格式参照 GB/T 7714—2015《信息与文献参考文献 著录规则》。

9.4.1　著录项目和著录格式

《信息与文献参考文献 著录规则》规定学位论文的著录项目包括:"主要责任者、题名项、题名、其他题名信息、文献类型标志（电子文献必备，其他文献任选)、其他责任者（任选）、版本项、出版项、出版地、出版者、出版年、引文页码、引用日期（联机文献必备，其他电子文献任选）、获取和访问路径（联机文献必备)。"

学位论文常用参考文献著录的格式如下。

① 连续出版物析出文献的著录格式为:主要作者. 文献题名[J]. 期刊名, 年, 卷（期）: 起止页码. 或年（期）: 起止页码.

[1] Ghasemzadeh H, Ghanaat F. Antimicrobial Alginate/PVA Silver Nanocomposite Hydrogel, Synthesis and Characterization[J]. Journal of Polymer Research, 2014, 21(3): 355-369.

[2] 薛峰, 王芳平, 修国华等. 高吸水树脂的制备、应用及发展前景[J]. 沈阳化工, 1995, 04: 17-21.

[3] Ma Z, Li Q, Yue Q, et al. Synthesis and Characterization of a Novel Super-Absorbent Based on Wheat Straw[J]. Bioresource Technology, 2011, 102(3): 2853-2858.

② 专著的著录格式为：著者. 书名[M]. 出版地: 出版者, 出版年: 起止页码.

[1] 赖绍聪, 邓晋福, 赵海玲. 青藏高原北缘火山作用与构造演化[M]. 西安：陕西科学技术出版社, 1996：130-133.

[2] 邓万明. 青藏高原北部新生代板内火山岩[M]. 北京：地质出版社, 1998：167-168.

③ 论文集的格式为：作者. 文献题目[C]. 编者. 论文集名. 出版地: 出版者, 出版年: 起止页码.

[1] 孙平一. 高校学报编辑工作现代化特征[C]. 中国高等学校自然科学学报研究会. 科技编辑学论文集(2). 北京：北京师范大学出版社, 1998：10-22.

④ 学位论文的著录格式为:作者. 题目[D]. 授予单位所在地: 授予单位, 授予年.

[1] 姜永果. 云南省香格里拉春都铜矿区斑岩体岩石地球化学特征及成岩机理研究[D]. 昆明：昆明理工大学, 2010.

[2] 马欢. 人类活动影响下海××[D]. 北京：北京大学, 2011.

⑤ 专利文献的著录格式为:专利所有者. 专利名[P]. 专利国名：专利号，发布日期.

[1] 江锡洲. 一种温热外敷药制备方案[P]. 中国专利：881056078.3，1983-08-12.

⑥ 技术标准的格式为：发布单位. 技术标准代号，技术标准名称[S]. 出版地：出版者，出版年.

[1] 中华人民共和国国家技术监督局. GB 3100~3102，量和单位[S]. 北京：中国标准出版社，1994-11-01.

⑦ 电子文献的格式为:主要责任者. 题名:其他题名信息[文献类型标志/文献载体标志]. 出版地：出版者，出版年（更新或修改日期）[引用日期]. 获取和访问路径.

[1] Online Computer Library Center, Inc. History of OCLC[EB/OL]. [2000-01-08]. http,// www. oclc. org/about/history/default. html.

[2] HOPKINSON A. UNIMARC and metadata, Dublin Core[EB/OL]. [1999-12-08]. http,//www. ills.org/IV/ifla64/138-161e.html.

9.4.2 利用 EndNote 插入参考文献

值得注意的是，利用 EndNote 自动导入的文献格式不一定总是正确或是统一的，需要在论文成文的最后再次核实并修改参考文献的格式。具体做法是在 Word 界面中的 EndNote 插件菜单中选择"Convert to Plain Text"，将 EndNote 参考文献更改为纯文本格式，最后进行纯文本的编辑修改，如图 9-99 所示。

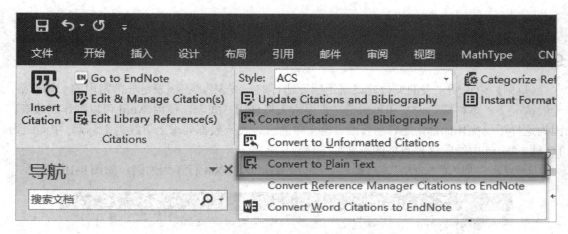

图 9-99　EndNote 引文转换

9.5　常用的小技巧汇总

俗话说，细节决定成败！那么本章节最后，有几个非常实用的小技巧分享给读者。

9.5.1　快速定位导航窗格

科技论文有时候很长，在进行设置的时候，鼠标滚上滚下非常麻烦。这个时候只要打开视图里面的导航窗格（图 9-100），点击相应的标题就能定位到要找的内容了。

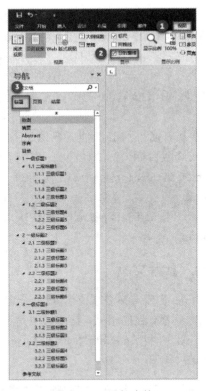

图 9-100　导航窗格

9.5.2　三线表的画法

《规则》中说明"表的编排建议采用国际通行的三线表",三线表是非常常用的一种表格,一般情况下,本科毕业论文和科研论文都要求表格使用三线表。使用 Word 可以制作三线表,因为这样不仅操作简单,还容易修改。论文中的三线表一般都要求上下线为 1.5 磅,中间线为 1/2 磅。Word 中绘制这种表格的方法如下。

① 点击"插入""表格",选择需要的行列数,这里以 4 行 3 列为例,如图 9-101 所示。

图 9-101　插入表格

② 选中所有单元格,单击"格式"菜单,选择"边框和底纹",如图 9-102 所示。在弹出的窗口中,点击"边框"菜单,然后如图 9-103 所示进行设置。

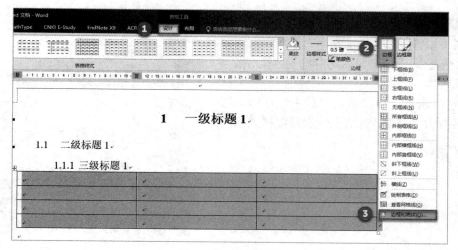

图 9-102　边框设置

注意宽度选择 1.5 磅,"预览"中只剩下上下两条线,其他线都取消,点击"确定"。

③ 选择表格的第一行,右击鼠标,选择"边框和底纹",如图 9-104 所示。在弹出的窗口中选择"边框"选项(见图 9-105)进行设置。

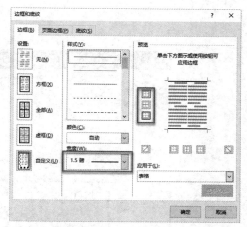

图 9-103　线型设置

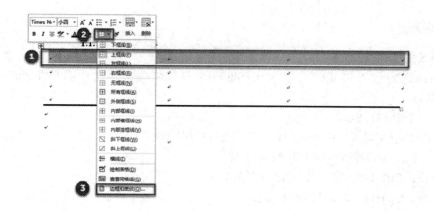

图 9-104　三线表设置

注意这时宽度选择 1/2 磅,"预览"中上面那个粗横线不用管,单击下面那个"横线"按钮即可,注意检查"应用于"是否选择的是"单元格",单击"确定"。

④ 选择所有表格 单击"居中"按钮,这是将表格中的字居中,完成三线表最终样式如图 9-106 所示。

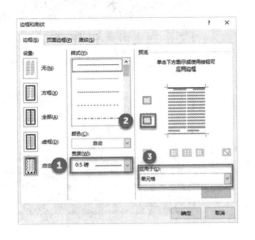

图 9-105 边框调整

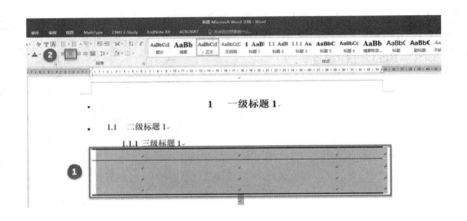

图 9-106 三线表最终样式

9.5.3 快捷键

Word 常用快捷键如下。

格式刷:选中已有格式的文字 Ctrl+Shift+C 复制格式;再选中需要更改格式的文字 Ctrl+Shift+V。

重复上一个动作:F4。

对齐:Ctrl+L 左对齐;Ctrl+R 右对齐;Ctrl+E 居中对齐。

上下标:Ctrl+= 下标;Ctrl+Shift+= 上标。

字体缩放:Ctrl+[缩小字体;Ctrl+]增大字体。

替换查找:Ctrl+H 替换;Ctrl+F 查找。

撤销还原:Ctrl+Z 撤销;Ctrl+Y 还原。

保存:Ctrl+S。

插入分页符：Ctrl+Enter。

只做分行处理：Shift+Enter。

其他注意事项：正文部分除非不同章节，否则页面下部不要留白太多。表格尽量在一整面上，不要分成两面。尽量利用图片编辑软件将同系列图片进行组合，图片环绕文字设置成上下环绕型。数字与英文单位符号之间需空一格。数字和摄氏度或百分号之间不需要空格。利用 Ctrl+Shift+Space 组合键代替普通空格键可以使空格前后连接的两个字符在同一行。注意全角和半角字符的区别，保证格式的统一。利用 Word 审阅菜单中的拼写和语法功能可以检查错误之处。

小结：本章节依据学位论文国家标准，围绕学位论文的格式设置，详细地介绍了 Word 的文本、图表编辑功能。读者可通过本章内容一步步进行软件设置，了解并掌握合理规范的论文内容与格式编辑方法。

思考题

1. 学位论文与一般科技论文格式有何不同之处？
2. 如何关联标题样式与章节列表序号？
3. 分节符和分页符有何区别？

参考文献

[1] Brown F K. Chapter 35. Chemoinformatics: What is it and How does it Impact Drug Discovery. Annual Reports in Medicinal Chemistry, 1998, 33, 375-384.
[2] Weininger D. SMILES, a chemical language and information system. 1. Introduction to methodology and encoding rules. J. Chem. Inf. Model, 1988, 28, 31-36.
[3] Weininger D, Weininger A, Weininger JL. SMILES. 2. Algorithm for generation of unique SMILES notation. J. Chem. Inf. Model, 1989, 29, 97-101.
[4] Pearl J. Markov and Bayesian networks. Probabilistic Reasoning in Intelligent Systems: Networks of Plausible Inference. first edition; Morgan Kaufmann Publishers, Inc.: San Francisco, CA, 1988, pp 77-140.
[5] Kirkwood J G. Statistical Mechanics of fluid Mixtures. J. Chem. Phys, 1935, 3, 300-313.
[6] McCulloch W S, Pitts W. A logical calculus of the ideas immanent in nervous activity. Bull. Math. Biol, 1943, 5, 115-133.
[7] Zell A. Simulation of Neural Networks. first edition; Addison-Wesley: Boston, MA, 1994, pp 1-150.
[8] Abbod M F. Application of Artificial Intelligence to the Management of Urological Cancer. J. Urol, 2007, 178, 1150-1156.
[9] Goodfellow I, Bengio Y, Courville A. Deep Learning, First Edition. The MIT Press: Cambridge, MA, 2016, pp 196.
[10] Hinton G E, Salakhutdinov RR. Reducing the Dimensionality of Data with Neural Networks. Science, 2006, 313, 504-507.
[11] Johann Gasteiger, Thomas Engel;Chemoinformatics: A Textbook, Wiley-Vch, 2003.
[12] 叶卫平. Origin9.1 科技绘图及数据分析. 北京: 机械工业出版社, 2015.
[13] 中科幻彩. 科研论文配图设计与制作从入门到精通. 北京: 人民邮电出版社, 2017.
[14] 李梦龙, 文志宁, 等. 化学信息学. 第 2 版. 北京: 化学工业出版社, 2018.
[15] 谭凯. 化学信息学. 第 3 版. 北京: 化学工业出版社, 2017.
[16] 邵学广, 蔡文生. 化学信息学. 第 3 版. 北京: 科学出版社, 2013.
[17] 黄兆龙, 等. 计算机在化学中的应用. 成都: 西南交通大学出版社, 2017.
[18] 黄军左, 丁书江, 等. 文献检索与科技论文写作. 北京: 中国石化出版社, 2017.
[19] 孙瑶, 郭丽萍, 林亚维. 计算机网络社会下大学生化学信息素养培养. 中国化学会.中国化学会第 30 届学术年会摘要集, 2016.
[20] Zurkowski P. The information service environment relationships and priorities. Washington D C: National commission on libraries and information sciences, 1974. P.6.
[21] Stang P. Journal of the American Chemical Society, 2003, 125:1-8.
[22] Gasteiger J. Journal of Analytical and Bioanalytical Chemistry, 2006, 384(1):57-64.
[23] Brereton R. Journal of Chemometrics, 2014, 28(10): 749-760.
[24] Mitchell J. Future Medicinal Chemistry, 2011, 3(4):451-467.
[25] 缪强. 面向 21 世纪课程教材: 化学信息学导论. 北京: 高等教育出版社, 2001.
[26] 王后雄, 谭英. Gaussian98 在有机化学教学中的应用. 大学化学, 2005, (02).
[27] Kerwin S. ChemBioOffice Ultra 2010 Suite, Journal of the American Chemical Society, 2010, 132(7): 2466-2467.
[28] Iapa A. 10th International Scientific Conference on eLearning and Software for Education, 2014.
[29] Boschmann E. Journal of Chemical Education, 2003, 80(6): 704-708.
[30] Ebner M.Lackner E.Kopp M. Let's build the future through learning innovation, eLearning and Software for Education, 2014, 1: 251-254.
[31] GB/T 7713.1—2006《学位论文编写规则》.
[32] GB/T 7714—2015《信息与文献 参考文献录著规则》.